# 旅は途中下車から

## 降りる駅は今日決まる、今変える

十
T



交通新聞社新書 146

# はじめに

　種村直樹さんや宮脇俊三さんの著作に心酔しきっていた十代から二十代にかけての私は、途中下車なぞ眼中になかった。いわゆる「乗りつぶし」に夢中になり、とにかく未知、未踏の鉄道に乗ることにだけに集中。全線完乗へ向けて突き進んでいた。

　それが、少しずつ変化してきたのが、大学生だった１９８５年に「旅行貯金」を始めてからだろうか。最初は、どうしてもできてしまう列車の接続待ちの間に郵便局を訪れていただけであったが、未乗線区が少なくなってくるにつれ、次第に興味が旅行貯金、さらには途中下車しての町歩きへと移っていったのが、自分でもよくわかった。これを成長と言ってよいかどうかはわからないが、ただ列車に乗っていれば楽しかったのが、年齢を重ねるにつれて興味の対象は広がった。その結果の「途中下車」である。もちろん鉄道への愛着が薄れたわけではないのだから、不思議なものだ。

　途中下車の楽しみ方は、本当に十人十色だと思う。人間の趣味の数だけ途中下車があると言っていい。

　そのため、本書の内容を考えるのは、たいへん難しかった。駅そのものが楽しいところ、駅周辺での楽しみ、日常生活の中でも途中下車は楽しめるのだという提案。「何を楽しむかは自由。お好きにお楽しみください」と書いてしまえばそれまでなので、できるだけ幅広く、自分の経験も織り交ぜながら、列車から途中下車をするとどんな面白さがあるのかを集めたつもりだ。

途中下車、ひいては鉄道旅行をより深く味わうには、よりたくさん知識を持っていた方がいい。目にするもの、耳に入るものが、いったい何であるのか。知っているのといないのとでは、大きな差ができる。ただ、知識は他人に対して自慢するために持つものではない。途中下車が多い自分の人生を豊かにする源こそが、知識だ。好きなジャンルでいい。知識、見識を養って、旅に出よう。

余裕がない人生は楽しくない。出発地から目的地まで、脇目も振らず一目散という旅と同じだ。寄り道してこその人生だろう。鉄道はそうした余裕を認めてくれる交通機関だ。狭い密室に閉じ込められ、終点に送り込まれるだけではない。そこには途中下車し、時間を贅沢に使う自由がある。

土屋武之

旅は途中下車から――目次

## 第3章　定期券でも途中下車

## 第4章　途中下車技の応用～フリー切符の活用法

※本文に記載の列車時刻は『JR時刻表』2020年9月号を参照しています。新型コロナウイルス感染症の流行により、列車の運行や各種施設の営業などに大きな影響が出ています。本書は、通常の時期の情報に基づいて執筆しました。実際に乗車や訪問などをお考えの場合は、最新情報にてご確認ください。

# 第1章

# 途中下車のすすめ

# せまい日本、そんなに急いで…

とにかく「目的地へ向かってまっしぐら」だった高度経済成長期がオイルショックによって一段落し、「せまい日本　そんなに急いで　どこへ行く」と言われたのが１９７３年。全国交通安全年間スローガンであったこの言葉がポスターなどで広まって以来、なにかと気ぜわしい日本人の間にも、たまにはのんびり旅するのもいいという雰囲気が生まれた。

考えてみれば、徒歩旅行だった江戸時代までは、どこかに立ち寄りつつ旅をするのが当たり前であった。街道沿いに由緒ある寺社があればお参りし、峠の茶屋では餅と茶を楽しんでいた。それが変わったのが明治維新後。鉄道が開通し、出発地から目的地まで乗り物に乗せられ、旅の途中はただ揺られるだけ。旅人の意志とは関わりなく「途中省略」で運ばれることこそ当たり前となった。これは船であっても自動車であっても、乗り物であれば同じだ。

しかし、現代に至るまで寄り道の精神は生きている。

鉄道紀行作家の宮脇俊三は、鉄道旅行に向いている人として、寄り道、道草、回り道。

少し違うかもしれないが、はしご酒が好きな人と言った。これこそ、寄り道だらけだった徒歩の旅へのあこがれと、列車に乗り、移りゆく車窓を愛でる鉄道旅行の楽しみが融合した精神だったかもしれない。

江戸時代の雰囲気が残っていた明治、大正の頃には、もっとこの精神は強かったと思われる。例えば、１９１８（大正７）年に出版された『汽車の窓から』という沿線案内記がある。これは列車の車窓を紹介するガイドブック。約10年で64版が重ねられたという、ベストセラーである。それだけ人気を集めたのだが、その要因として、描写が列車から途中下車し、名所旧跡を訪ねる前提となっている点があった。江戸時代の旅行案内の誌面構造が、あちらに寄り、こちらを訪ねるようになっていたことを受け継ぎ、鉄道を軸に再編集した形になっていたのだ。

## 日本独自の鉄道制度・途中下車

日本の鉄道には「途中下車」の制度がある。一定のきっぷのルールに従えば、旅行の出発地から目的地の間にある駅で、いったん改札口を出ても乗車券はそのまま有効で、最後

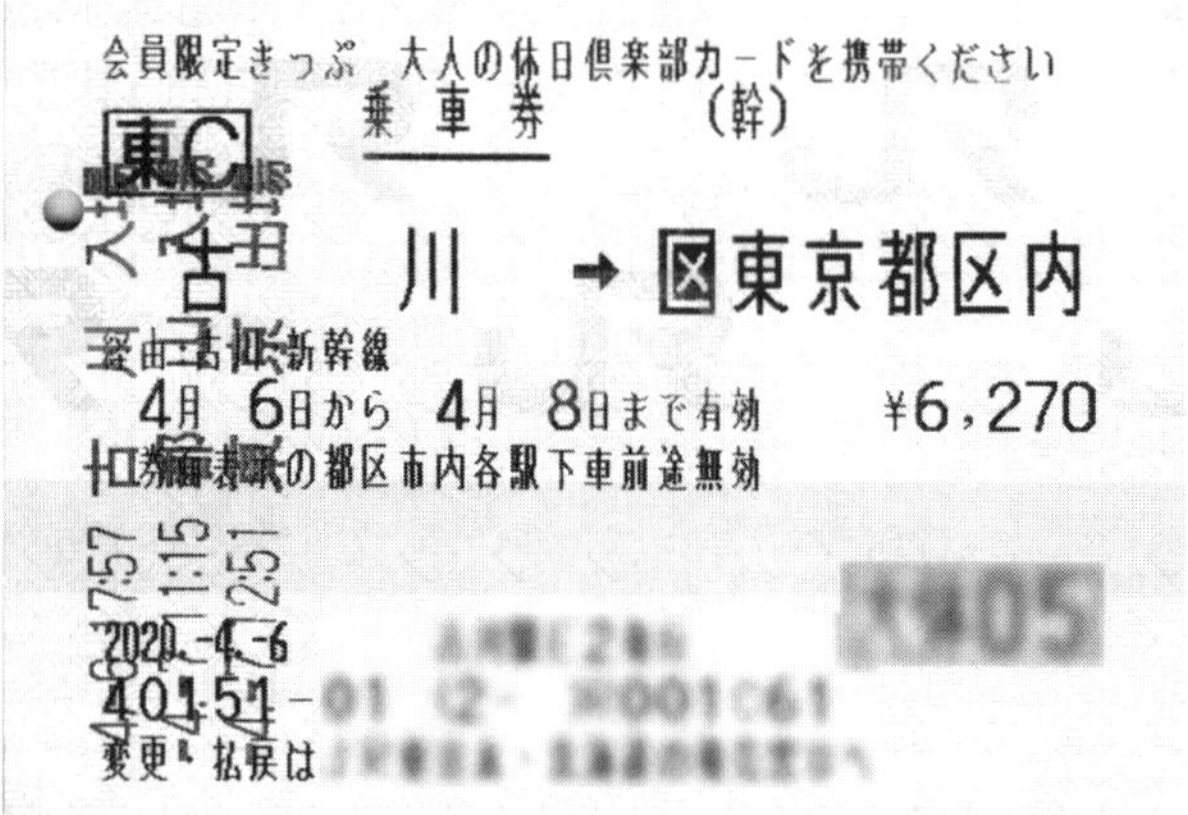

途中下車をして自動改札を通したJRのきっぷ。新幹線の駅では駅名や出入場時刻が印字される

まで使えるというものだ。

途中下車は、時に交通費を安く上げるための手段として紹介される場合もある。例えば、出張で大阪と広島に用件があるとして、「東京都区内から大阪市内行き」「大阪市内から広島市内行き」と乗車券を2枚に分けて買うより、「東京都区内から広島市内行き」の乗車券を購入し大阪で途中下車すれば、ＪＲの制度上、運賃が安くなるのだ。

実は、駅に改札口がある国はそれほど多くなく、欧米ではプラットホームまで出入り自由なのがふつう。さらに現在の長距離列車の乗車券は飛行機やバスと同じような「乗り切り」の場合が多くなっている。つまり、1本の列車に対して1枚の乗車券が必要で、いったん降りる場合は、その駅で分けて乗車券を買わなければならない。フリーパスの類いを使わない限り、列車に乗る前に下車する駅を決めておかなければならないのだ。これはアジアにおいても、中国や台湾、韓国では同じ。途中下車の考え方自体がない。

長距離旅行における途中下車はもう、ほぼ日本独自の制度と言ってもよいかもしれない。最終目的地まで乗車券を通しで買うと、安くなる上に、途中で用件をこなせる。さらには降りて遊べる、旅行好きでなくても楽しい仕組みなのだ。

他方、最近の大都市では、鉄道を利用する時はＩＣカードを使うのが一般的となっている。一説には、首都圏では利用客の９割が「Ｓｕｉｃａ」などのカードを使っているとも言われる。これの特徴の一つとして、乗車する際に改札口を通った時点では運賃はカードから引き去られず、つまりは下車する駅が決まっていなくても差し支えないことがある。「○○から××行き」という乗車券の区間にしばられることはなく、列車に乗っている最中に心変わりしても、下車駅を簡単に変えられる。

もちろん制度の上では、ＩＣカードでは途中下車できない。しかし、下車駅で乗車区間の運賃がカードから差し引かれることを厭わなければ、利用エリア内なら、どこで降りてもよい。安上がりにはならないが、気まぐれ下車には適したアイテムと言える。

# 「気まぐれ下車」は、どこが楽しい？

旅行の目的が出張なら、確かに途中で遊んでいてはまずい。「さっさと相手先へ行け」と怒られるのが落ちだろう。

しかし、遊びの旅ならどうだろう？

旅の楽しみは何も目的地にだけある訳ではない。旅の途中で知らない町、知らない土地に降り立つだけでも、非日常体験が得られる。自分の趣味の対象、例えば、鉄道はもちろん、歴史やグルメ、温泉などの分野で、それまで知らなかった知識、見識が新たに得られるかもしれない。それだけでも心は躍る。

もちろん、綿密な下調べをした上で「○○駅で降りてみよう！」と、事前に計画された途中下車でもいい。しかしそれもスケジュール通りの旅には違いない。旅慣れてくるにつれて、次第に飽きてはこないだろうか。下調べした通りのことを見た、体験しただけでは、単なる事実の確認のように思え、発見の喜びがないことに気づく。

途中下車とはうたってないものの、鉄道旅行やバス旅行をテーマとして、気まぐれ、あるいは行き当たりばったりでタレントが旅をする番組が、人気があるという。私も２回ほど、偶然、ロケ現場に出会ったことがある。事前の仕込みは特になさそうで、スマートフォンの情報や乗り合わせた人への聞き込みを元に、いきなり途中駅で降りて、カメラがその後を追っていたりした。これもまた、予定調和のつまらなさの逆を行き、ハプニングを楽しみ、発見の喜びを視聴者に伝えようという試みだろう。

途中下車の楽しみは、イコール、自分にとっての新発見の楽しみでもある。

最終目的地だけ決めて、あとは風の吹くまま気の向くまま。手元の乗車券が途中下車できるのをこれ幸いと？　列車内で時刻表をめくりつつ、気まぐれで下車駅を決めてゆくところまで行き着けば、もう旅の上級者だ。

どういう駅で降りればいいのだ？　と思うかもしれない。しかし、そこには自由がある。自分の趣味に合わせて下車駅を決めればいい。

歴史が好きなら、たとえ偶然であっても、後三年や長篠城といった駅名を見れば、歴史上の出来事と関係があるのかと、気を引かれないはずがない。温泉が好きなら、京町温泉や川湯温泉といった、さほど有名ではないけど、いかにも温泉がありそうな駅名を見れば、わくわくするだろう。

私の友人知人の中には、どこにでもありそうな店舗の看板やマンホールを好む人。橋梁やトンネルに興味津々な人。工事現場の三角コーンが好きな人などがいる。最近は、アニメのモデルになった場所を訪れる「聖地巡礼」も広く知られるようになった。趣味は人それぞれだ。他人の目を気にせず、わが道を行けばいい。私などは、貯金を扱っている郵便局が開いてさえいれば、それで満足かもしれない。こうした人たちにとって、途中下車できる機会は、探索の何よりのチャンスだ。

それどころか、単に駅とその周辺の町のたたずまいが好ましいからといった、漠然とした理由で途中下車しても、いっこうに構わない。「この町は何もなくて……」となげく声を地元の人から聞く場合もある。しかし、この世に「何もない場所」はない。俗に秘境駅と呼ばれる、駅しかないようなところでも、美しい風景に出会えたりする。

誰かに決められたスケジュールにしばられた旅は楽しくない。自分の旅は自分で作る。そういう旅をぜひしてほしい。日本の鉄道と途中下車制度は、そういう旅を許してくれる。後は、思い切って席を立ち、列車から降りるだけだ。

## 途中下車を愛した先人たち

　鉄道旅行をこよなく愛した作家の内田百閒《ひゃっけん》は「用事のない旅は楽しい」と喝破した。帰り道は、帰宅しなければならないから楽しくないとまで言い切った。１８８９（明治22）年生まれの百閒は、主に大正時代だが、若い頃は特別急行や１等車といったハイクラスな列車や車両に乗ることを好んだ。「目の中に汽車を入れて走らせても痛くない」とまで著している。

　借金が雪だるま式にふくれあがっていた昭和初期の困窮時代と、空襲で焼け出された太平洋戦争を挟んで、戦後、世情が落ち着いてくると、再び鉄道の旅へと出かけるようになる。手始めが１９５０年、特急「はと」の１等展望車に乗っての大阪への一泊旅行で、後にこの旅は『特別阿房《あほう》列車』として執筆される。

　ただ、その後も「阿房列車」の旅は続くのだが、旅を続けるうちに、内容が少しずつ変化してくるのだ。最初は単に「上等な汽車に乗れさえすれば、それでいい」と思っており、「はと」で大阪に着いて投宿した宿も、同行の「ヒマラヤ山系」とあだ名がつけられた国鉄

「松濱軒」。現在は国の名勝として一般公開

職員の平山三郎の、お膳のおかずが一品足りなかったほど大した旅館ではなかった。

それが次第に、下車した後へも興味が広がっていく。大きなきっかけが、熊本県の八代にある旅館「松濱軒」との出会いだった。もちろん生涯、汽車の旅が大好きだったのだが、八代城主の別邸を、一時、高級旅館として営業していたこの宿に1951年、初めて泊まって以来、頻繁に八代へ通うようになった。言わば、途中下車に目覚めたのだ。

他にも、秋田県の横手に泊まった時は、わざわざ横黒線（現在の北上線）の列車に乗って、大荒沢駅（ダム建設により、現在は廃止）まで往復、寄り道している。一方、没年は1971年で、東海道新幹線開業も知ってはいるが「ひかり」「こだま」に乗ることはなかった。身体の衰えもあったが、やはり目的地まで一目散の旅が、お好みではなかったのだろう。

内田百閒より4歳年長（1885年生まれ）の若山牧水は、「旅に生きた」人であった。著作から徒歩旅行のイメージが強い作家だが鉄道旅行も好み、当時の時刻表である『汽車汽船旅行案内』の愛読者であった。日本初の時刻表マニアであったかもしれない。

『旅とふるさと』に収められた「秋亂題（その一）」では、こう著している。

「汽車もいい、小春日のぬくぬく射した窓際に凭り掛かってうとうとと物を思ふもいいし、煙草を吸ふもいい。腰が痛くなったら鐵道案内を取り出して恰好な途中下車驛を探し出す。」

これは旅先の描写ではなく、自宅に居ながらにして旅へ思いをめぐらせていたのだが、自らの旅の一部に、きちんと途中下車が組み込まれていたのだ。「見知らぬ停車場にぼんやりと降り立った心持は不安ながらに静かな好いものである」とも、同じ作品で述べている。途中下車を、若山牧水はこよなく愛していたのだ。

1928年没と、牧水は若くして亡くなっているため、主な活躍時期は明治の末から大正にかけて。ちょうど日本の鉄道の伸長期に当たり、活気がある時代であった。日向（宮崎県）の山間部の出身で、外の広い世界に憧れて育った牧水の旅への想像力は無限であっただろう。その手引きであり、さらには実際に旅する時の供が時刻表だった。
余談ながら、若山牧水は1日1升の酒をも辞さない酒豪であった。内田百閒も宮脇俊三も、大の酒好き。鉄道好きには酒飲みが多いと言うが、「はしご酒」の精神であるのかもしれない。

## 関東一周「途中下車」の旅

先人たちには及びもつかないが、私も途中下車の旅を楽しみたい。そこで、まだ残暑も厳しい中だったが、軽く気ままな鉄道旅行に出かけてみることにした。8月31日には、内房線江見駅の駅舎が郵便局と一体となって新築完成したので、ぜひ旅行貯金（P78参照）をしたい。房総方面へ出かけるのは確定として、ふだん、わが家から近いけれど、あまり足を踏み入れる機会がない路線も組み合わせて、自宅最寄りJR駅の武蔵溝ノ口を起点に、次のようなルートを考えた。

〈考えたルート〉

武蔵溝ノ口―（南武線）―立川―（青梅《おうめ》線）―拝島《はいじま》―（八高《はちこう》線）―高麗川《こまがわ》―（川越線）―大宮―（東北新幹線）―東京―（京葉線）―蘇我―（外房線）―安房《あわ》鴨川―（内房線）―浜野

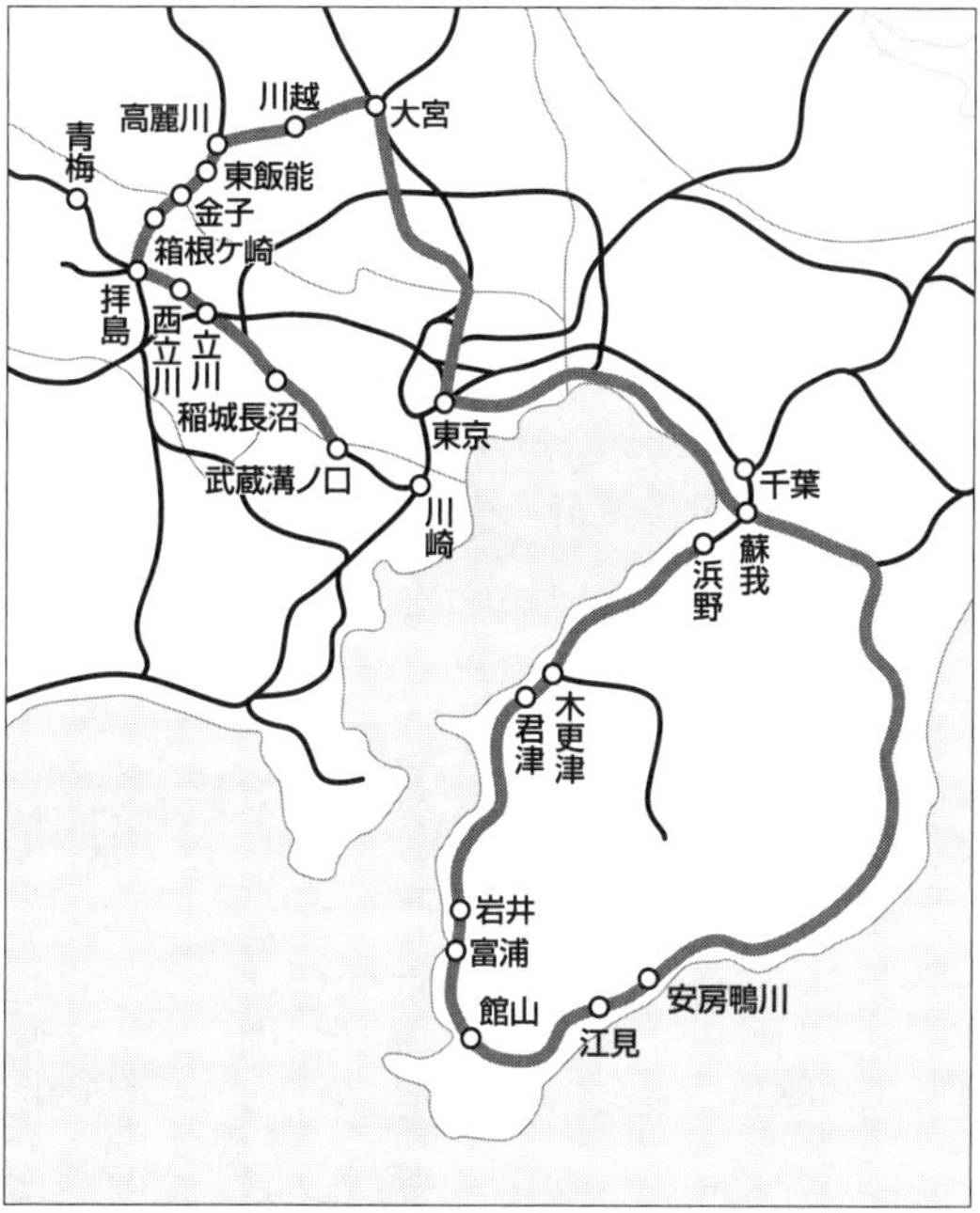

（略図）筆者の考えた乗車経路

浜野からそのまま内房線を進めば、蘇我でルートがぶつかる。このルートで「蘇我まで」の乗車券もルール上、買えるが、ＪＲ東日本のインターネット予約「えきねっと」では、なぜかそれができない。駅のみどりの窓口に並んで、ルートを説明した上で買わなければならないのが面倒なので、蘇我のひと駅手前の浜野までにした。どうせ、浜野の手前、五井あたりで途中下車して手元に乗車券を残す腹づもりなので、差し支えはない。きっぷの収集にも途中下車は有効だ。なお、浜野まででも五井まででも、運賃は6050円で同額だ。

ところで、乗車ルートはすべて「東京近郊区間」に含まれていそうで、途中下車できないのでは？ と思われるかもしれない。ここで大宮～東京間を東北新幹線経由に指定しておいたのが効いてくる。東北・上越新幹線や東海道新幹線の東京～熱海間は近郊区間に含まれないため、運賃は最短距離での計算（武蔵溝ノ口～浜野間だと1170円）にはならず、乗車ルート通りの計算。そして途中下車も可能となるのだ（P190参照）。

## ■最初からスケジュール崩れる……

この旅、最初は日帰りのつもりだった。乗車距離は300キロ以上にもなり、気分次第で寄り道しながらだから、早朝から深夜までかかりそうだけど、まず大丈夫と踏んでいた。しかし、好事魔多し。仕事のスケジュールが押して、乗車券の有効期間、3日間のうち初日は出かけられず、2日目も午前中がつぶれてしまった。

えい、ままよと、出発地の武蔵溝ノ口駅に向かったのが、ようやく15時頃。こうなると

稲城長沼駅舎とスコープドッグのモニュメント

日帰りは無理だ。ならば、どこかで気まぐれに１泊するのも楽しかろうと、気を取り直したのであった。着替えの分だけ、荷物はふくれたが。

前置きが長くなったが、南武線の立川行きに乗れたのが15時37分。16時までしか開いていない郵便局に寄るのは難しくなった。まずはいろいろと情報を耳にして気になっていた駅に降りてみよう。

各駅停車に15分ほど乗って着いたのが稲城長沼。稲城市は人口約９万人の、東京都としては小さな市だが、数々のアニメでメカニックデザイナーを務めた大河原邦男氏の出身地。氏のデザインを活かして、魅力ある町づくりを進めているそうだ。そのシンボルが、南武線稲城長沼駅の高架下に立つ、ＲＸ78－２ガンダムと、ＭＳ－06Ｓシャア専用ザクだ。「機動戦士ガンダム」の放送開始が

いなぎ発信基地ペアテラス

１９７９年で、当時、私は14歳。俗に言う「ファースト・ガンダム」の直撃を受けたから、心躍らないわけがない。40年以上の時が過ぎ、後に伝説と呼ばれるアニメの初回放送に触れた世代は、もう初老の域に達している。

　駅前広場には、これも１９８３年放送開始の「装甲騎兵ボトムズ」のスコープドッグのモニュメントもあって嬉しい。何のことやらと思う向きもあるだろうが、途中下車は自分の趣味趣向に合わせてやればいいのだ。他人の目を気にする必要はない。

　それだけではなく、高架下には「いなぎ発信基地ペアテラス」と名付けられた、案内所兼物産館兼カフェがある。特産品の稲城梨はちょうど旬だったが、この日は売り切れ。買えたとしても、

西立川駅前の「雨のステイション」の歌碑

梨を抱えて旅を続けるのは辛いところだったから、改めて買いに来よう。

## ■拝島の面白い掲示

稲城長沼から次の立川行きに乗ったのが16時08分だったから、わずか13分の滞在だったけれど、それでも写真を撮り、店をひやかし、駅の周囲をひと回りできている。

立川16時25分着、34分発の青梅行きに乗り継ぐ。4分で、次の西立川着。

ここは荒井由実の「雨のステイション」のモチーフになった駅でもある。昭和40年代、駅の目の前に広がる昭和記念公園は米軍の立川基地であり、周囲には軍人向けの娯楽施設が固まっていた。今の様子からは想像もつかないが、当時の西立川は、若者にとってはアメリカ文化と直接ふれあえる、あこがれの地だったのだ。ひと晩じゅう踊り明かした気だるい朝の駅を、この曲は歌っている。今は駅前に立つ歌碑と駅メロから、わずかに当時をしのべるだけだ。

西立川からは次の16時50分発の青梅行きに乗り継ぎ、拝島に16時58分着。八高線が17時09分発なので「11分もある!」と、嬉々として改札口を出る。ちなみにJR東日本では、紙の乗車券の場合、基本的に自動改札機を通って途中下車できるので気軽だ。

拝島駅はJRの3路線（青梅線、八高線、五日市線）が5方面から集まり、西武拝島線も乗り入れるジャンクションだが、昭島市と福生《ふっさ》市にまたがる位置に駅がある。それを確かめに?　下車してみたのだ。

自治体の境界に近い駅では、しばしば両方の設備が共存している。案の定、北口側には福生市立図書館、南口側には昭島市民図書館の図書返却ポストが置いてあり、面白かった。地図で確認してみると、確かにそれぞれのポストは自市のエリアに位置していた。他にも、両市の広報掲示板が並んでいたり、禁煙などの掲示類が両市の連名になっているなど、駅の構内を一歩も出ずに楽しめた。拝島駅は、ホームの上に改札口や駅事務室がある、いわゆる橋上駅。駅の両側を結ぶ自由通路は、道路の延長という考え方により自治体の負担で建設される。ここも昭島、福生の両市が、言うならば「割り勘」で、応分の割合ずつ負担して作られたに違いない。

無事に八高線と川越線を直通する川越行きに乗り込め、次第に日が暮れてゆく車窓を眺める。箱根ケ崎の手前では横田基地の様子をかいま見、箱根ケ崎～金子間では東京と埼玉の都県境をGPSで確認する。これは細い道路なのでわかりにくい。金子～東飯能間では、深い谷を形作る入間川を高い築堤と橋梁で渡る。これらも現地で眺めたいところだが、残念ながら、駅からは少々遠い。

拝島駅の自由通路には、昭島市と福生市連名の掲示が

川越に18時02分に着いた頃にはすっかり日が暮れた。すぐに新木場行きの埼京線直通通勤快速に乗り継ぐ。川越から自宅までは1時間30分ほどなので、いったん帰宅してから出直してもいいが、「旅」を中断するのは気分的に嫌だ。ホテル予約サイトから、大宮駅前の真新しいビジネスホテルを確保した。

## ■駅内郵便局を訪問

仕事の疲れを大浴場付きのホテルで十分にいやし、朝食もしっかり食べて、翌朝、大宮から再スタート。こうした余裕ができるのも、途中下車ができる２日以上有効の乗車券を持っているからこそである。

新幹線と並行する在来線はルール上、「選択乗車」と言って、同じ区間ならどちらに乗ってもよい。私の乗車券の大宮〜東京間もこれに該当するから、新幹線には乗らずに上野東京ラインでも大丈夫だったのだが、平日朝の混雑に巻き込まれるのはかなわないので、自由席特急券に１０９０円投資する。予定より早い、大宮8時55分発の「はくたか５５２号」のＥ７系に乗れた。そのおかげで東京でも40分ほど余裕ができ、改札口を出る。東京駅とその周辺の見どころの多さは、言うまでもなかろう。新幹線の乗り換え改札は問題なく通れたが、八重洲南口の自動改札機がなぜか通れず、係員にきっぷを確認してもらい途中下車印が押された。

東京からは10時発の特急「わかしお5号」。終点の安房鴨川まで約２時間かかる。さらに普通に乗り換えて12時12分に、いよいよ江見に着く。

江見駅の新しい駅舎は、これまでの木造駅舎の隣に建っていた。中に入ってみると、駅

江見駅郵便局

「塩小賣所」のほうろう看板

と言うより、郵便局の一角でＪＲのきっぷを売っている感じだった。ＪＲ東日本から出札業務が日本郵便に委託されたのは初めてのケース。改札口は特になく、Ｓｕｉｃａの簡易改札機と乗車駅証明書発行機が置かれている。待合室は鉄道駅と郵便局の兼用。郵便窓口を正面に見ながら、列車を待つのは妙な感じだった。駅舎脇には、かつて房総を走っていた郵便電車を模したポストがある。

江見駅郵便局での旅行貯金と、ハガキを買って記念の風景印（P82参照）を受けて、目的は果たしたので、後の持ち時間は駅周辺をぶらぶら。元の江見郵便局の局舎は駅から100mほどのところにあって、統合したのは合理的だと思った。江見自体は小さな漁港の町。お昼ご飯を食べられるような店が見当たらなかったのは残念だったが、広々とした海の景色は気持ちよかった。途中の民家にあった「塩小賣所」という古いほうろう看板は、見た覚えがないようなタイプ。こういうものを珍重する人もいる。

**■思わぬ発見があった岩井**

13時18分発で江見を離れ、空腹を抱えながら南房総の中心地、館山へ。ここで途中下車すれば、確実に食事にありつけそうだが、何回も降りた経験がある。どうせなら新鮮味がある駅で降りたい……。

結局、13時49分に到着するギリギリまで悩んだ末、記事としての面白さを優先？　して、向かいのホームに停車中の、1分接続の木更津行きに乗り換えた。館山駅の発車メロディが、地元出身のX　JAPANの「Forever　Love」になっていたことに気づいたが、駅開業100周年記念事業で2019年11月9日に変わったそうだ。これは耳新

赤い瓦と三角屋根が特徴の岩井駅舎

しい。慣れた土地であっても、こういう新しい出会いの機会は常にある。
　木更津行きの車内では、江見駅でもらった内房線のポケット時刻表を眺めてどこで降りるか思案。実は所用ができて、早めに帰らなければならなくなっており、あまりフラフラもしてられない。
　最初は14時04分着の岩井で降りて、14時19分発の館山行きでひと駅折り返し14時25分着の富浦で下車。さらに富浦14時51分発の千葉行きで再度、折り返す行程を考えた。こうすると岩井～富浦間往復を別払いする必要があるが、郵便局に２局、立ち寄れる。しかし、レストランなどで腹ごしらえをしている余裕は完全になくなる。コンビニのパンを車内でかじるのもいいけれど、今回は大人らしくゆったり旅をしたい。

伏姫と八房の像

そこで岩井に着いたら14時57分発まで過ごすことに決定。まずは食事場所探しだ。駅を出て駅前広場をぐるっと見回してみたが、めぼしい店はなし。しかし、ここは国道127号線が、トラックの音が駅まで聞こえてくるほど近くを通っている。岩井駅入口の交差点に出て左右を見回すと、営業中の看板を掲げた「しんべえ」という店が目についた。駅前食堂風だが、こういう観光色のない、地元の人向けの店が美味しくないはずがない。日替わりの、白身魚フライと鶏の唐揚げの定食に満足できた。

岩井郵便局で旅行貯金をしたら、残る時間は周辺の見物。ここは『南総里見八犬伝』の舞台だと気づかされたのが、収穫だ。八房が伏姫を連れて入った富山（とみさん）が旧町名の富山（とみや

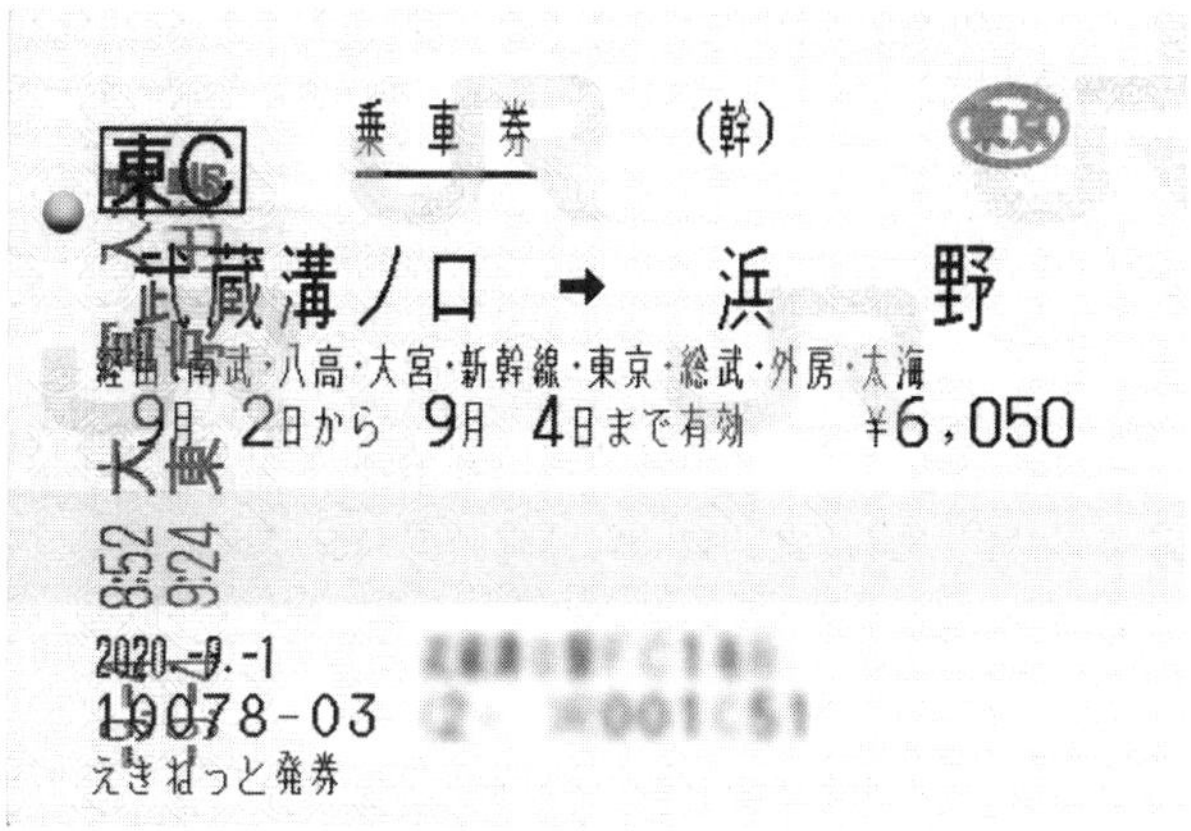

筆者使用済の武蔵溝ノ口発浜野行き乗車券

ま）町の由来だ。現在は合併により南房総市となっている。

駅のすぐ脇には「伏姫公園」があり、伏姫と八房の像があった。それだけだが、ＮＨＫの人形劇や、薬師丸ひろ子と真田広之主演の映画に親しんだ世代だ。懐かしくない訳がない。大人としては、滝沢馬琴の原作を読みたくなった。書いていて気がついたが、「しんべえ」とは、八犬士の一人、犬江親兵衛が由来なのか。

約一時間の滞在だったが収穫のあった岩井では、他に気になる海鮮料理の店もあったし、なにせここは民宿が盛んな土地。駅にも民宿組合が同居していた。今年は厳しかったであろうが、ぜひまた訪れて海の幸を味わいたい。

岩井を離れると、後は帰るだけ。それでも君津で先発する快速に乗り換え、木更津で30分ほどの時間を捻出。木更津郵便局に立ち寄る。途中、街角に1軒だけ残っていた古い洋風建築を見つけ、いわれが気になった。これも次の宿題だ。

結局、時間の関係から、木更津駅前から川崎駅前行きの高速バスに乗って、房総を離れた。木更津～浜野間は乗らずじまいに終わったけれど、満足できている。最初から「武蔵溝ノ口から木更津行き」の乗車券を買っておけば5720円で、330円安くついたが、特に気にならない。写真のように、記念として乗車券はしっかり手元に残った。

コラム

## 私の途中下車失敗談

米原〜新大阪駅は大阪近郊区間に含まれる。新幹線利用で近郊区間外とすることはできない

第1章で、新幹線をルートに組み込むことで近郊区間から外し、途中下車を可能とする「テクニック」を紹介したが、いつもうまく行くわけではない。最近ではさすがに慣れてきたが、昔はたまに失敗をしていた。

7、8年前まで、2年に1度、定期的に滋賀県内を一周して、観光ガイドブックに掲載されている情報をチェックして回る仕事をやっていたことがある。JR琵琶湖線（東海道本線）、湖西線、北陸本線を新快速などでめぐり、さまざまな駅で降りるため、青春18きっぷを重宝していた。

しかしある年、この仕事の発注があった時期が、たまたま青春18きっぷのシーズンではなかったことがある。それゆえ、普通乗車券で途中下車すればいいかと思い、湖西線の大津京駅で「大津京から大阪行き（湖西線、近江塩津、北陸本線、東海道新幹線経由）」というきっぷを買おうとした。乗車する区間の営業キロは軽く100

㎞を超えており、米原〜新大阪間を東海道新幹線経由にすることで、大阪近郊区間からも外そうと考えたのだ。念のため、駅員さんに「このきっぷにすれば、途中下車できますよね？」と尋ねた。

しかし発券された乗車券には「下車前途無効（P188参照）」の文字が入っている。駅員さんも自信がなかったのか「おかしいですね……」などと言いつつ、再チャレンジしてみても同じこと。列車の運転本数が少ない区間も通るので、タイムアップとなって、やむなくICカードで1回ごとに運賃を支払う羽目になった。

後になって気がついたが大阪近郊区間の場合、近郊区間外になる新幹線は、山陽新幹線の新大阪〜西明石間だけであった。米原〜新大阪間や西明石〜姫路間は在来線と同じ扱い、つまりは大阪近郊区間に含まれる扱いになるのであった。

東京近郊区間のケースを念頭にしていて、よく確認していなかった失敗だ。高い運賃は、勉強代と思うしかなかった。

# 第2章

# 途中下車駅の楽しみ方

# ある程度、目星をつけておく

「それぞれの趣味に合わせて途中下車すればいい」とはいえ、では、どんな魅力的な駅があるのか。どうやって探せばいいのだろうか。

今やインターネット時代、スマートフォン時代だ。列車に乗っていても、手元のスマホで検索すれば簡単に情報収集ができる。実際、そのようにして途中下車する候補駅を探すことが多くなるだろう。

しかし、時間的余裕があればいいが、足の向くまま気の向くままとはいえ、「空振り」が多くなっては何をしに出かけてきたのかわからない。ある程度の目星はつけておいてから、出発するのもよかろう。何もかも「気まぐれ」、「目的のない旅」はもちろんよいが、旅の上級者であっても完璧な無計画な旅はなかなか難しいものだ。漠然としたものでいいから、「これをやりに行く、見に行く」と決めておいた方が、限られた時間をうまく使える。

それに目的が見えていれば、自宅からのどの方面へ向かうかも自ずと決まる。

旅とは、忙しい日常を離れて時間を贅沢に使うことでもある。「効率良く」とは言わない。

ただ、限られた時間のうちに満足を得られるよう考えを巡らせるのも、悪くない。

　では、途中下車には、どのような楽しみがあるのか。具体的に、興味をそそられそうな珍しい駅から始め、駅を拠点としてどのように途中下車の楽しみを広げていけばよいのか。実際に私が下車をしたことがある駅の例を挙げつつ、解説していこう。

## 駅の中でグルメを楽しむ

　美味しい料理が嫌いな人はいないだろう。旅のガイドブックや、テレビの旅番組、さらにはＹｏｕＴｕｂｅ、ＳＮＳでも「グルメネタ」は定番中の定番だ。あらゆる人が興味を持っているに違いない。

　ＪＲ東日本は「エキナカ」と称し、都市部のターミナル駅の改札内に飲食店や物販店を集めて「商店街」を形成することに熱心だ。その始まりは大宮駅で、東京駅、品川駅、上野駅などに広まっている。ＪＲ東日本に限らず、同種の傾向はＪＲ各社や大手私鉄においても顕著だ。改札内ではなく、拠点駅に併設される駅ビル内を商店街にすることは、国鉄時代から広く行われてきた。

こうした大駅には、名の知れた飲食店が入っていることがもちろん多い。ただ、それでは日常の延長の感じもする。駅の中を意識せずに利用することもあるだろう。

対照的に、ローカル線の駅舎に飲食店などが入っているケースも実は多い。国鉄末期に無人駅の荒廃を防ぎ、賃料収入を上げるため入居者を募り、駅舎の有効活用法として注目されたあたりがルーツだ。今では地方民鉄、第三セクター鉄道において、集客手段の一つとして駅舎を「グルメ駅」とすることが盛んに行われている。

印象深い駅はいくつもある。

**■亀嵩《かめだけ》駅（島根県・JR木次《きすき》線）**

亀嵩は、松本清張の小説『砂の器』の舞台として知られるようになった土地だ。宍道《しんじ》湖畔の宍道駅で山陰本線から別れる木次線に駅がある。

駅は亀嵩の集落から少し離れたところにあり、周辺の民家は多くない。駅自体も今は列車のすれ違いができない、ホーム1面に線路1本だけの構造だ。この駅から駅員が引き上げて無人になる時、国鉄は駅舎を管理し、乗車券の発売委託を受けてくれる人を探し、引き受けた地元の人が、ただ駅にいるだけでは……と、駅事務室を改造して地元の特産品で

亀嵩駅出雲蕎麦。弁当そばやお土産用のおそばも販売

「扇屋」の入口

ある出雲蕎麦の店を開くことを提案。１９７３年に蕎麦処「扇屋」が開店したのだ。

今では店主も代替わりしたが、すっかり木次線の名物駅、蕎麦の名店として定着。ただ、残念ながら、本数が少ない列車ではなく、自家用車で訪れる人の方が多い。確かに営業時間内に停車する列車は下り３本、上り５本だけだから、鉄道では行きにくいのも確かだ。けれども「扇屋」では、事前に電話予約しておけば、持ち帰り用の「割子そば」を列車まで届けてくれる。春～秋の観光シーズンに運転されるトロッコ列車「奥出雲おろち号」も亀嵩に停車。何個もの蕎麦が届けられる。なにせ、店から階段を数段上がっただけで、そこがホームなのだ。短い停車時間でも手渡しできる。

■**北浜駅（北海道・ＪＲ釧網《せんもう》本線）**

国鉄時代、オホーツク海にいちばん近い駅として有名になり、駅長が手書きで作る「貝殻通行証」が話題となった。ここも無人化に伴い、喫茶「停車場」が１９８６年にオープン。海を眺められる展望台も作られ、流氷のシーズンにはインバウンド客を中心に大いに賑わう観光地と化した。待合室には、観光客が記念に残していった名刺がところ狭しと貼られている。網走から比較的近く、列車だと20分弱で行ける。

オホーツク海に面した木造の北浜駅舎（写真／久保田敦）

「停車場」は、やはり駅の事務室を改装して作られた。椅子は旧型客車のものを流用しているなど、鉄道を意識したインテリアになっている。

食事メニューは洋食中心で、看板は「停車場ランチ」だ。目玉焼きを載せたハンバーグをメインに、ライス、サラダ、味噌汁がつく。私の個人的お勧めはシーフードカレー。店内からオホーツク海を眺めながら食べると美味しい。

ここの難点もやはり、営業している時間帯に停車する列車が少ないこと。事前のプランニングが不可欠になる。救いは、釧網本線とほぼ並行して網走バスの小清水線が走っていることだ。そちらも運転本数は限られるが、鉄道と組み合わせるとうまくいく場合もある。

例えば網走10時24分発の釧路行きに乗り、北浜

10時40分着。展望台に上ったり、待合室の中を眺めつつ11時の開店を待って、早めのランチとし、北浜駅前12時01分発（平日運転）の小清水行きバスに乗る方法などだ。原生花園の散策などと組み合わせるのもいい。

釧網本線の網走〜知床斜里間の駅は飲食店が入っているケースが多く、北浜の隣の藻琴《もこと》にはやはり喫茶と軽食の「トロッコ」がある。浜小清水は道の駅を併設。止別《やむべつ》にはラーメン店「えきばしゃ」が入居している。列車ではしごするのはなかなか難しいが、海を眺めながら知床へ向かうだけではもったいない。さらに釧路方面へ進むと、川湯温泉にはレストラン、塘路《とうろ》には喫茶店が入っている。ちょっとしたグルメ路線でもあるのだ。

## ■神戸駅（群馬県・わたらせ渓谷鐵道）

「こうべ」ではなく「ごうど」と読む。

わたらせ渓谷鐵道は、国鉄足尾線から転換された第三セクター鉄道で、群馬県の桐生《きりゅう》を起点に、足尾、間藤《まとう》へと向かう。特に紅葉の季節には、社名の通り、美しい渓谷の風景が楽しめる。JR以外で、普通乗車券で途中下車できる鉄道は珍しいが、この会社では駅内に温泉センターがある水沼と、神戸に限って途中下車が可能。ただし、事前に乗車券を購

「トロッコ弁当」にはマイタケの混ぜごはん、マイタケの天ぷらなどが入っている

入している場合に限られる。また乗り降り自由な「一日フリーきっぷ」も1880円で発売されているので、そちらを利用すると、より手軽。東京からの日帰りも十分可能で、途中下車を楽しみたい向きにはもってこいの路線だ。

神戸は星野富弘さんの作品を公開する「富弘美術館」の最寄り駅として観光シーズンには賑わうが、列車から下車すると、駅構内に留置されている2両の電車が目立つことだろう。これは、東武鉄道の特急型電車「DRC（デラックスロマンスカー）」を利用した列車レストラン「清流」だ。色も、現役当時のものに復元されている。車内も、食事用のテーブルを設置した以外、ほぼ日光、鬼怒川温泉方面への特急として活躍していたまま残されているから、昔の旅を懐かしく思い出す人もいるかもしれない。オープンしたのは、わたらせ渓谷鐵道の駅となってからの1996年。もう四半世紀近い歴史がある名物店だ。

この店では、和食を中心にしたメニューが楽しめる。駅弁「トロッコ弁当」「やまと豚弁当」も販売している。「トロッコ弁当」は地元産のマイタケをふんだんに使った幕の内だ。駅弁はレストランの中で食べることもできる。休日運転のトロッコ列車「トロッコわたらせ渓谷号」「トロッコわっしー号」と組み合わせるのもよいが、乗車整理券が必要なので、レストラン目当てなら、普通列車の利用もいいだろう。1〜2時間に1本程度は走っているので、気まぐれ乗車でも、さほど困ることはあるまい。水沼駅での温泉入浴と組み合わせるのも、もちろん楽しい。

**■越後湯沢駅（新潟県・JR上越新幹線）**

上越新幹線越後湯沢駅の高架下にある「ぽんしゅ館」は楽しいところで、新潟のすべての酒蔵の代表的な銘柄が利き酒できたり、酒風呂が名物の温泉施設があったりする。酒飲みにとっては、天国かもしれない。まさにスキーや越後湯沢温泉の帰りに立ち寄るのにふさわしい観光施設だ。

越後湯沢駅。スキーシーズンに営業するガーラ湯沢駅へはここから分岐

その一角にある「雪ん洞《と》」では、名高い魚沼産コシヒカリを使った「爆弾おにぎり」が食べられる。これは1合（茶碗2杯分）を丸々使った巨大なおにぎりで、大人の男性でもなかなか苦しい量がある。しかも4合（茶碗8杯分）も使った「大爆おにぎり」もあり、こうなると想像もつかない。具は昆布や梅干し、焼きたらこ、鮭といったポピュラーなものから、ふきのとう味噌、もち豚の角煮など、越後らしいものもある。

### ■犬吠《いぬぼう》駅（千葉県・銚子電鉄）

ＪＲ銚子駅と外川《とかわ》を結ぶ銚子電鉄は、たびたび経営危機に陥ったため、営業エリアに限りがある本業の鉄道ではなく、銚子名物の「ぬれ煎餅」をはじめとした菓子類の販売に努め、それが収入の大半を占めるようになってしまった。今や、菓子業者が副業で鉄道を運営していると言った方が適切かもしれない。

物販の拠点が犬吠埼への最寄り駅となる犬吠駅。ローカル私鉄にしては大規模な売店が駅舎内にあり、ぬれ煎餅をはじめとするお土産がところ狭しと並べられている。もちろん、購入した煎餅などをベンチでかじってもいいのだが、ここの面白いところは、ぬれ煎餅の手焼き体験ができること（2枚で300円）。自分の手でグルメを生み出せる？　駅でもあるのだ。駅前広場では銚子電鉄の物販の始まりとなった、たい焼きも売られている。

銚子電鉄のぬれ煎餅。「赤の濃口味」「青のうす口味」「緑の甘口味」の3種類がある

### ■気賀駅（静岡県・天竜浜名湖鉄道）

天竜浜名湖鉄道も、国鉄二俣線から転換された第三セクター鉄道だ。東海道新幹線の停車駅でもある掛川を起点に、浜名湖の北側を通り、愛知県境に近い新所原《しんじょはら》に至る。

新しい会社として発足した直後から、無人駅の駅舎の活用に取り組み、多くの駅の中に飲食店がオープンした。いくつか例を挙げると、遠江一宮駅の蕎麦屋、金指《かなさし》駅のピザ屋、西気賀駅の洋食店、新所原駅の鰻屋などである。他にもあり、また思わぬ業種が駅舎内に入っているところもあるから、ここは１日フリーきっぷ（１７５０円）を使って、探してみてほしい。全線にわたって、１時間に１本程度の列車があるから動き回りやすい。

国の登録有形文化財に指定されている建物や施設も多く、気賀駅では駅舎とホーム上屋、プラットホームが該当する。しかしそのことだけではなく、外から眺めると、駅名標より「中華屋貴長」という中華料理店の看板が目立つ方に驚かされる。知らない人が見ると、駅とは思わないかもしれない。名物はあっさり系のラーメン。１日１００人ほどの列車の乗降客もさることながら、バイクツーリングで訪れる客も多く、バイクにちなんだメニューも数々ある。

## ■高松築港駅（香川県・高松琴平電気鉄道）

高松築港駅は高松琴平電気鉄道（ことでん）のターミナル駅なので、途中下車という感覚ではないが、酒好きにとっては足を延ばす価値があるかもしれない。改札口近くにある「Ｂｅｅｒ Ｐｕｂ Ｓｔａ・ｉｏｎ」は、日本で唯一の「駅ナカホームパブ」と称している。経営し

高松築港駅のパブ（写真／久保田敦）

ているのは地元のアイリッシュパブ。本場アイルランドのギネスビールを、電車を眺めながら楽しめるという経験は、他ではできないだろう。

フードメニューも充実しており、地元、香川の名物料理「骨付きどり」も提供。ビールに合う。近くのＪＲ高松駅改札内の「連絡船うどん」と並ぶ、高松の名物店だ。

**■日田駅（大分県・ＪＲ久大《きゅうだい》本線）**

久留米《くるめ》と大分を結ぶＪＲ九州の久大本線は２０２０年７月の豪雨で大きな被害を受け、同年９月現在も一部区間で運転再開の見通しが立っていない。しかし、久留米～豊後森《ぶんごもり》間などでは特急を含む列車の運転は行われているので、営業を再開した商業・観光施設や飲食店などは、大いに利用したいところだ。

日田も２０１７年の豪雨で被害を受けたが、現在は復興。ＪＲ日田駅も観光の拠点としての整備が進んでいる。２０２０年３月20日には、駅の２階に「ＳＴＡＹ＋ＣＡＦＥ　ＥＮＴＯ」がオープンした。この施設は、ゲストハウス、カフェ＆バー、コワーキングスペースからなる、町の交流拠点として整備されたところだ。ゲストハウスは個室またはドミトリー方式の相部屋がある宿泊施設で、改札口を出るとすぐ旅の宿となる便利さ。コワーキングスペースは宿泊機能と一体で、市民の自由な働き方を推進するコンセプトだ。

気になる？　カフェは、日田駅の構内を見下ろす「トレインビュー」。内装や家具には地元の特産、日田杉が使われている。大分名物の鶏肉など、地元の食材を使ったメニューが美味しい。

なお、大都市圏の駅ビル内にある「ステーションホテル」などは別にして、ローカル駅の中にある宿泊施設は飲食店よりもずっと希少価値があり、例えばＪＲ函館本線比羅夫《ひらふ》駅舎を改造した「駅の宿ひらふ」は、「日本でただひとつの、民宿になった駅」と称している。

２０１９年３月になって、ＪＲ山陽本線尾道《おのみち》駅内に簡易宿泊施設「エムスリースホテル」が開業。「自転車と一緒に泊まれる宿」という、やや特別なコンセプトではあるが、ＪＲ

改修された日田駅と駅前広場

「STAY+CAFE ENTO」の窓側から日田駅構内を望む

常磐線土浦駅ビル「プレイアトレ土浦」内には、「星野リゾートBEB5土浦」が2020年3月19日にオープンしている。日田駅のゲストハウスはこれらに続く存在ということになった。

## ■「駅前グルメ」の探し方

ここまで紹介した駅は、まさに列車を降りたら0分で食卓につける駅ばかり。営業時間内であれば、確実に食事が可能だ。しかし、駅周辺でグルメを楽しもうとすると、探し方にもちょっとした「コツ」がいる。地元の料理を味わおうというのではなく、単に空腹を満たそうということでも、途中下車する駅をきちんと見極めなければ、昨今の情勢からすると「食いはぐれ」になってしまうかもしれない。

大都市圏ならまず間違いはないだろう。個性はまったくなくても、有名な全国チェーンの飲食店が、どこかにあってもおかしくない。県庁所在地クラスまでならば、なんとかなるという印象を持っている。

ただ、ローカル駅ともなると、難しいことが多々ある。

名物料理でなくてもいい、地元の人がふだん食べているものが食べたいというのなら

「駅前食堂」が頼りになる。列車で行き来する人を目当てに昭和の鉄道全盛時代から営業しているような店が、今も残っているのだ。思い切って入ってみよう。そこで、聞いたことがないようなメニューを見かけたら、迷わず注文だ。私が山形県独特の「冷やしラーメン」に出会ったのは、ＪＲ新庄駅前の名物駅前食堂「急行食堂」だった。

また、どこででも食べられそうな、ありきたりなメニューであっても、地元の新鮮な食材が使われていて、都会で食べるのとはまったく違う味になっていたりするから、たまらない。そういう出会いが旅の醍醐味だ。駅前で長年、営業しているから、次の列車の時刻に遅れないような配慮も行き届いている。常連さんに向かって店員さんが、「この人、◯時の汽車だから、先に（料理を）出すね」と言うのを聞くと、思わず頭を下げてお礼もいいたくなる。もっとも、お客が常連さんばかりになってしまっており、見知らぬ顔が入ってくるとギョッとされることもある。いつも出す分しかご飯を炊いておらず、「ごめん。すぐ追加で炊くから待ってくれる?」と小声で他の客にささやくのを聞いてしまい、恐縮した経験も、富山県や広島県の某駅前である。

ただ、どこにそういう味わい深い店があるか、探し当てるとなると、経験と勘が少々必要だろう。

自動車社会が広まった結果、特急停車駅クラスのちょっとした都市であっても、駅前にあった商店街が軒並み「シャッター通り」になっていたりする。後継者のいない小規模な食堂が生き残っている確率は低い。

私の経験から言えば、知名度が高い拠点駅でも、そもそも町の中心部から離れているところでは期待はしない方がいい。具体名を挙げて申し訳ないが、山形県の酒田や鹿児島県の出水《いずみ》などは、駅周辺に飲食店が少なかった駅として思い浮かぶ。建設当時から、さまざまな事情によって駅が町外れに作られており、乗降客がそこそこあっても、公共交通機関や自分の足で町中と行き来することなく、すぐ送迎の車を使ってしまうことから、駅前の商業が発展しなかった結果かもしれない。

そういうところは、事前に地図を見ていれば、なんとなくわかる。今のネット地図だと、飲食店の場所や種類も表示してくれるから、大いに参考になる。駅前にあるのは、帰り道に車を運転できなくなる居酒屋ばかりというところは少なくない。官公庁などが集まった地域が駅から離れていれば要注意だ。

反対に思わぬローカル駅でも駅前食堂が健在で、嬉しくなることもある。私がいつも例に挙げるのが、岩手県のＩＧＲいわて銀河鉄道、奥中山高原駅前にある「立花食堂」だ。

取材途中にお昼の時間帯となり、期待せずに駅周辺を探したら、いきなり出会った。もうかなり前だが、カツ丼の肉や卵が新鮮そのもので、感激した覚えがある。

なぜこのような店が生き残っているかというと、残念ながら鉄道駅の利用者が多いわけではなく、すぐ近くを幹線道路である国道4号が通っているからだと思う。自動車専用道路の発達で、国道沿いと言えども飲食店の数は少なくなっているという印象だが、それでも駅前に店がなさそうでも、近くに主要な道路があれば、そちらの方には期待ができる。地図をチェックして、そういう駅を選ぶといい。よく「美味い店はタクシーの運転士に聞け」と言われるが、地元の味をいちばん知っているのは、日ごろからこまめに地元を自動車で走り回っている人だ。もし、駅の中、もしくは駅前に観光案内所があるようならば、尋ねてみるのも手だ。この土地の人がふだんから好んで食べている料理はなにか、それを手軽に食べられるところはないか、という尋ね方をするといい。

どうしても飲食店が見つからない場合。地元のスーパーに助けられることもある。JA（農協）直営のスーパーなどは、思わぬローカル駅の近くにあって頼りになる。珍しいものはなくても、時にお弁当を売っていたりするからだ。宿泊地でも、夕食を外で食べるのではなく、スーパーのお総菜売り場で地元の料理を買い、部屋で食べるという手がある。

夕刻ならば値引きされていることも多い。青森県の大湊駅前で新鮮な刺身の盛り合わせに出会って、喜んだこともある。長崎県の佐世保駅前のスーパーでは「あるのではないか?」と期待した皿うどんに、案の定、出会えた。

## 駅の中で温泉を楽しむ

日本人は温泉が大好き。それは私も同じだ（笑）。

理屈としては、地下の熱源で温められ、地下水がお湯になればそれは温泉。世界中にあってもおかしくはなく、実際、台湾には多いと聞くし、私もハンガリーのブダペストで温泉に入った経験がある。

しかし、日本における温泉地の数は２９８３カ所、泉源の数が２万７２９７本（日本温泉総合研究所調べ・２０１８年３月現在）だから、人口比で言えば、頭抜けているだろう。自然に湧出したものも、もちろんあるが、わざわざ地底深くまで掘削して温泉を掘り当てる仕事が、産業として成立しているほどだ。温泉旅館に限らず、銭湯、スーパー銭湯やホテルの大浴場でも「天然温泉」が大きな売りとなる。

鉄道と温泉の関係も深い。神戸電鉄有馬線のように有馬温泉へのアクセスとして建設された路線もある。○○温泉という駅名も以前から多かったが、最近では観光PR、あるいは温泉地のアピールを目的に改名するケースも目立つ。例えば1903（明治36）年に開業した中央本線の石和《いさわ》駅は、1993年になって「石和温泉」に改称している。1961年に大量の温泉が噴出し、山梨県内でも最大規模の温泉地として著名になったにもかかわらず駅名に温泉が入っていないため、特急停車駅ながら下車駅がわかりにくいとの理由もあって、改名に踏み切った。時刻表や駅の案内、車内放送で「○○温泉」と繰り返されるPR効果は大きいのだ。

このため、駅前や駅周辺に温泉地が広がる駅も多く、そうしたところでは、手軽な値段で楽しめる「公衆浴場（外湯とも言う）」があり、途中下車してひと浴びも簡単にできる。有名な温泉地なら、まず間違いなく公衆浴場は存在する。宿泊客がいない日中、大浴場を安く開放する「立ち寄り温泉」をやっている温泉旅館も多い。いずれも観光案内所があれば、そこで尋ねてみるといいだろう。

その点、「○○温泉駅」は、途中下車のターゲットとしては、わかりやすいと言える。巻末に○○温泉駅、あるいは温泉にゆかりが深い駅名の一覧をまとめている。

さらに一歩進んで、「駅の中に温泉浴場がある駅」がいくつもある。その多くは駅が無人となり地元へ乗車券の販売が委託されたところで、地域のコミュニティセンターとして、自治体の手で駅舎自体も公共施設と一体になって改築。その一環として、日本人が好きな温泉を取り入れたところだ。意外な駅にもあるので、北から順にすべて紹介しよう。

## ■阿仁《あに》前田駅（秋田県・秋田内陸縦貫鉄道）

１９９５年に駅舎が、温泉・宿泊施設付きの公共施設「クウィンス森吉」に改築され、「温泉駅」の仲間入りをした。阿仁前田駅へは、奥羽《おうう》本線の鷹ノ巣《たかのす》駅で第三セクター鉄道の秋田内陸縦貫鉄道に乗り換え、普通列車で40分ほど。秋田内陸縦貫鉄道は１日乗車券が充実しており、一般的なもののほか、角館《かくのだて》↓鷹巣（ＪＲとは表記が異なる）、あるいは鷹巣↓角館で、後戻りしない片道利用で、１回限り途中下車できるという「片道寄り道きっぷ」なども発売されている。

阿仁前田駅で列車を降り、駅舎内に入ると、待合室のすぐ左手にホールと受付が見える。改札直結の２階が源泉掛け流しの大浴場、小浴場で、小さいながら露天風呂もある。私が立ち寄った時は真冬で、ホームで冷え切ってしまった身体をすぐ温められて、たいへんありがたかった。

3階は宿泊施設、食堂や大広間などになっている。部屋の一部は、窓から列車が発着する様子が見える「トレインビュー」だ。食堂は宿泊しなくとも利用可能だから、「駅内グルメ駅」でもある。

## ■ほっとゆだ駅（岩手県・JR北上線）

「ほっとゆだ」とは駅内の温泉施設の名前でもある。元は陸中川尻駅と言ったが、1989年に駅舎改築と共に温泉が営業を開始。JRの駅名より、温泉の方が有名になってしまったので、1991年に駅名の方を改称してしまったいきさつがある。陸中川尻は、特急「あおば」や急行「きたかみ」が運転されていた頃は停車駅で、北上〜横手間では利用客が多い駅であったが、温泉の威力の方が勝ったようだ。なお、所在地は西和賀町川尻で、「ゆだ」とは近隣の湯田温泉郷にちなむ。

温泉併設の駅舎はとんがり屋根がシンボル。向かって右手に駅施設、左手に温泉の出入口があって、温泉の方が目立っている。大浴場の他に、貸切風呂もあり、かなり本格的な温泉施設だ。ここの名物は、テレビなどで紹介されて有名になった、浴場内の信号機。列車の発車時刻の45分前に「青」、30分前に「黄」、15分前になると「赤」が点灯して、接近を知らせる。これを目安に入浴していれば乗り遅れないので、便利だ。

館内には売店や休憩室もあり、風呂上がりに冷たいビールを一杯！　もできる。自家用車ではなく、鉄道を利用する者の特権だろう。

**■高畠《たかはた》駅（山形県・ＪＲ山形新幹線、奥羽本線）**

在来線区間（奥羽本線）を走る「ミニ新幹線」ながら、新幹線「つばさ」を降りてすぐ入浴できる駅。改札口を出ると左側に温泉「太陽館」の暖簾が掛かっている。右手は、ＪＲ東日本系の「ホテルフォルクローロ高畠」の入口につながっている。

太陽館自体は地元、高畠町の施設で、駅はそこに間借りしている形である。元は糠ノ目《ぬかのめ》駅といったが、山形新幹線の建設を機に、１９９１年に高畠へ改称。１９９２年７月１日に山形新幹線が開業したのを機に、それまで西側にあった駅舎を、高畠町の中心部に近い東側に移転する形で新築。10月１日にオープンし、同時に温泉施設も設けられた。外観は、高畠出身で『泣いた赤鬼』などで知られる童話作家・浜田広介のふるさとをイメージした、とんがり屋根のお城風。夕方にはライトアップされる。

駅舎の機能を備えた「高畠町太陽館」。とんがり屋根が目に留まる

温泉大浴場は、木質を活かした内装と、館名にちなんだ太陽のイラストが特徴。別料金になるが、大広間や個室の休憩室もあって、風呂上がりの列車待ちの間に、昼寝でもするのにいい。なお、ホテルフォルクローロ高畠の宿泊客は、何度でも太陽館の温泉を無料で利用できる。

駅の施設をはさんで反対側には売店とレストランも併設されている。

なお、鉄道好きとしては、高畠駅から歩いて20分、もしくはレンタサイクルで5分ほどの「むくどりの夢館・温もりの湯」もチェックしておきたい。「浜田広介記念館」も併設されている。源泉は「太陽館」と同じなのだが、ここに至るアクセスとして便利なサイクリングロードこそ、注目ポイント。かつて糠ノ目駅から出ていた、山形交通高畠線の廃線跡を整備した道なのだ。温泉でひと浴びした後は、さらに続くサイクリングロードを走ると、保存されている山形交通の高畠駅へ到達できる。地元の「高畠石」で作られた町のシンボルとでも言うべき建物で、裏手には高畠線を走っていた電車も保存されている。

### ■女川駅《おながわ》（宮城県・JR石巻線）

２０１１年３月11日に発生した東日本大震災は、東北の太平洋岸に甚大な被害をもたらした。漁業の町、女川は津波で中心部が壊滅。JR石巻線の終着駅、女川も津波で跡形もなく破壊されている。たまたま駅に留置中だったディーゼルカーが、遠く離れた山裾まで押し流されてしまった映像をご記憶の向きは多いだろう。

被災前の女川駅の隣には、温泉施設「女川温泉ゆぽっぽ」があった。ほっとゆだと同じく、浴室内に取り付けられた信号機が名物であった。もちろん、駅とともに、この温泉も破壊されている。

震災後の女川は、土盛りで地盤を大きくかさ上げして津波対策とし、町の再建が進められている。JR石巻線が浦宿～女川間を最後に全線で運転を再開できたのは、２０１５年

ウミネコが羽ばたく様子をイメージした曲線を描く大屋根が特徴の女川新駅舎

3月21日であった。この時、女川駅は約200m、内陸部に移設され、駅前には復興の拠点となる商店街「シーパルピア女川」が建設された。

女川駅の駅舎自体も、「女川温泉ゆぽっぽ」と一体化する形で再建され、「駅内温泉」の仲間入りをした。終着駅なので途中下車と言うより立ち寄りだが、復興ぶりを見るためにも、ぜひ一人でも多く訪れてほしい場所の一つである。

現在の女川駅は鉄骨3階立てで、正面向かって右側が出札口などの駅施設。左側と2階が温泉施設となっている。3階には展望デッキがあり、女川の町を一望できる。ウミネコが羽ばたく姿をイメージした白い屋根が特徴だ。

温泉はアルカリ性で、角質を落とす美肌効果が高く、俗に「美人の湯」と呼ばれるもの。ただ、入浴後は乾燥しやすいため、保湿も呼びかけているのが、最新の温泉施設らしいところだ。休憩施設も完備しており、湯冷めしにくいと言われる泉質を味わえるだろう。

駅舎前には無料の足湯もある。列車の折り返し時間が短い場合は、こちらを楽しむ手がある。

■**津南駅（新潟県・JR飯山線）**
長野県と新潟県を結び、豪雪地帯を走るローカル線として知られる、JR飯山線の新潟側にある駅。地元の人にとっては迷惑な雪だけれど、東京など温暖な都会に住む人は、ぜひ冬に訪れ、その異世界ぶりを肌で感じてほしい。

津南駅は、所在地である津南町の中心部からは離れている。だが、駅に温泉施設が併設される以前から駅近くで温泉旅館が営業しているなど、周辺は温泉の湧出量が豊富な土地として知られていた。駅舎の老朽化に伴い、JRが敷地を提供して町の手による改築が行われ、1995年に完成。この時、同時に駅舎内の温泉「リバーサイド津南」がオープンしている。

この建物の1階が1面だけのホームに直結しており、出札口、待合室兼地域アピール

津南町が建設した津南駅舎

改札を出ればすぐに温泉施設の受付がある

コーナー、温泉の受付兼売店などがある。２階が温泉大浴場で、休憩室も併設。列車待ちもここでできる。

男湯からは長野方面から到着する飯山線の列車を見ることができるが、列車本数は限られる。さすがにディーゼルカーの姿を見てから風呂を上がっていては間に合わない。

駅内の温泉は午前中から営業しているところが多く、朝湯が楽しめるのだが、ここは営業開始時刻が14時と比較的遅いので、注意が必要だ。地元の人は心得ていて、14時を過ぎると集まってくる。

私も最近、訪れた時は深く考えずに12時台の列車で着いてしまい、待ちぼうけを食らった。定休日や営業時刻の確認は、どんな場合でも必要だろう。

**■越後湯沢駅／ガーラ湯沢駅（新潟県・ＪＲ上越新幹線）**

グルメの項目で紹介した越後湯沢駅内の観光・物販施設「ぽんしゅ館」には、浴場も併設されている。温泉地として知られている土地だけに、もちろん天然温泉だが、ここがひとひねりしているのは、日本酒を湯に入れた酒風呂にしていること。名称も「酒風呂　湯の沢」だ。お酒が血行を促進し、リラクゼーション効果をもたらすそうだ。

越後湯沢からガーラ湯沢までの「新幹線」は、スキーシーズンのみ運転するという珍しい形態。法規上は在来線扱いだが、列車は東京駅から上越新幹線を経由し、直通している。終点のガーラ湯沢駅も季節営業だが、スキーリゾート「GALA湯沢スノーリゾート」の玄関として設備が整えられており、「スキーセンター・カワバンガ」の愛称を持つ。

この建物の1階（出入口は3階）に温泉施設「SPAガーラの湯」があり、駅内温泉の一つに数え上げられている。この温泉自体は、スキーシーズンだけではなく通年営業だ。フィットネスプールや露天ジャクジーも併設しており、他の駅内温泉とは趣きが違う。ただ、スキー場がオープンするシーズン以外は、ガーラ湯沢までの列車の運行はないため、無料シャトルバスを利用しなければならない。

### ■水沼駅（群馬県・わたらせ渓谷鐵道）

1989年に足尾線がわたらせ渓谷鐵道へ移管された際、駅活性化の一環として、温泉施設「水沼駅温泉センター」が構内に設けられた駅。同年の12月に営業を開始した。駅内温泉としては、ほっとゆだ駅と共に、老舗の部類に入る。1986年に国鉄の増収策の一環として、中央本線の上諏訪駅ホームに露天風呂が設けられ（2002年に足湯に改装）、

水沼駅は桜の撮影スポットとしても知られる（写真／久保田敦）

テレビなどのマスコミにも盛んに取り上げられていた時期でもある。わたらせ渓谷鐵道もいち早く時流に乗った形だ。この駅の温泉も、より本格的な施設として注目されている。２００８年には一時、経営難から休館となって鉄道旅行派を心配させたが、翌年、経営を引き受ける人物が現れ、無事に営業を再開した。

温泉施設は駅舎内ではなく、ホームや線路を挟んだ反対側、渡良瀬川沿いに新たに建設された。本来の駅よりも大きく立派な建物で、目立っている。上り桐生方面行きのホームに隣接しており、列車からすぐ玄関に入れるが、下り足尾・間藤方面行きの列車からは跨線橋を渡る必要がある。

浴場には露天風呂もあって、川そのものは見えないが、対岸の緑が楽しい。渡良瀬川上流の「釜が淵の河童伝説」にちなんで「かっぱ風呂」と名前が付いている。玄関脇に立っているかっぱの石像は愛称にちなむものだ。

館内には温泉浴場の他に食事処や土産物の売店がある。ここも駅内グルメスポットの一つに数え挙げてもいいだろう。

神戸駅の項目でも触れたが、わたらせ渓谷鐵道の普通乗車券は、有人駅で事前に購入しておけば、神戸と水沼で途中下車できる。また、「一日フリーきっぷ」を水沼温泉センターの受付で提示すると、入浴料が2割引になる。大手、中小を問わず、鉄道の割引きっぷには、こうした特典が付いている場合が多いので、途中下車を目指すなら、そうした特典に、意識的に「釣られて」みるのもいいかもしれない。

## ■西武秩父《ちちぶ》駅（埼玉県・西武秩父線）

2017年4月24日に、西武秩父駅のリニューアルに伴って建設されていた温泉施設「西武秩父駅前温泉　祭の湯」がオープンした。駅内温泉の新顔だ。駅と趣を合わせ、和風のデザインになっている。

地上にある西武の改札口を出ると、左手すぐのところに施設の入口がある。入ると以前の「西武秩父仲見世通り」をリニューアルした形の物販エリア、飲食エリアがあり、通り抜けたところに温泉の入口と受付がある。

温泉自体は、2階を占めている。なお、1階をそのまま通ると、秩父鉄道の御花畑駅方面へと抜けられ、西武秩父仲見世通りの時代と同じように、乗り換え連絡通路の役割も兼ねている。

温泉なのは露天の岩風呂だけだが、露天には花風呂、つぼ湯、寝転び湯など、スーパー銭湯並みの設備が整っているのは、さすが大手私鉄の開発と言うか、観光地の駅と言うべきか。内湯にもジェットバスやサウナなどがそろっている。最近の流行の岩盤浴施設もあるから、設備面では駅内温泉随一だろう。

### ■平岡駅（長野県・JR飯田線）

個人的には、この平岡駅の温泉施設との出会いが、いちばん衝撃的？　であった。2001年に温泉浴場がある現在の駅舎が完成したのだが、その直後、「ここで降りてもスケジュール上は差し支えないな。旅行貯金（P78参照）でもするか」と、何気なく平岡で下車して、立派な建物の駅を出ないうちに、いきなり「龍泉の湯」の看板が目に飛び込んできた

平岡駅ホームと「ふれあいステーション龍泉閣」

のだから。これぞ途中下車の醍醐味という出会いだった。ただ、当時も駅内温泉に関する情報は書籍などで出回っており、単に新しくオープンしたところなのでまだ取り上げられていなかった、という話。知りすぎているのもいかがなものかと、後になって思い直したのである……。

現在、駅内温泉がある駅で在来線特急が停車するところは、終着駅である西武秩父を除けばここだけ。「伊那路」2往復が停まる。1両だけの普通列車がひっそり到着する駅にあるイメージもある駅内温泉だが、この駅はなかなか立派だ。ローカル特急のリクライニングシートでくつろぎつつ、温泉へ向かうのも楽しい。

建物は4階建て。愛称は「ふれあいステーション龍泉閣」だ。その名の通り、地元の天龍村民のいこいとふれあいの場として建設されたという触れ込みだが、もちろん旅行者も大いに歓迎される。

1階が「レストラン龍泉」、2階に平岡駅の施設があるが、現在は無人駅になっているそうだ。3階が宿泊施設、4階が「龍泉の湯」で、クウィンス森吉と同じく、駅の中に宿泊できるところでもある。

なお、温泉のお湯は、同じ村内にある天龍温泉「おきよめの湯」から運んでいる。だが、立派な天然温泉だ。

ここも基本は地元向けであるためか、平日の営業時間は15時から。土・日曜、祝日は正午からになる。その代わり？　夜は飯田線の終電が出た後、22時まで開いている。

## ■みなみ子宝温泉駅（岐阜県・長良川鉄道）

「日本まん真ん中温泉」とのキャッチフレーズがついている。所在地である岐阜県郡上《ぐじょう》市美並町は、「日本の人口重心」と称してPRしている。人口重心とは国勢調査の結果に基づいて総務省から発表されるもので、すべての住民が同じ体重を持つと仮定して、その地域を支えられる重心を求める。1995年の国勢調査の結果、それが日本全体では美並町内になると計算されたのである。

駅は2002年の開業。周辺の民家はそれほど多くなく、ほぼ純粋に、温泉施設の最寄り駅として設けられた。それだけにホームに向かって、直接、入口が開いている。もちろん自家用車での立ち寄りも可能ではあるが、まさに駅直結の温泉の感じがする。長良川鉄道でも、みなみ子宝温泉駅で降車する際に、当日限り有効の降車証明書をもらえば、入浴料金が割引になるサービスもしている。「1日フリーきっぷ」も発売されているので、活用したい。

浴場には内湯の他、露天風呂、サウナ、釜風呂、槙風呂などがそろっており、休憩・飲食コーナーや、特産品の販売コーナーなども設けられている。

■**那智駅（和歌山県・JR紀勢本線）**

那智駅はかつて、熊野那智大社や那智滝への最寄り駅として乗降客が多く、特急列車が停車していた時期もある。しかし、バスへの連絡ターミナルが紀伊勝浦駅に集約されてからは、熊野那智大社を模した社殿風の駅舎だけが、かつての賑わいの名残となっている。この駅舎は1936年完成と歴史があるものだが、現在は無人化されてしまっており、主に通学の高校生が利用するだけになった。

那智駅に増築される形で、デザインを合わせて１９９８年に完成したのが、那智駅交流センターだ。ここの２階に町営温泉「丹敷（にしき）の湯」がある。ホーム側にも大きく、温泉名が書かれている。

ただ、駅と一体化している建物だが、出入口は駅前広場に向かって開いており、「駅内温泉」の風情には、ちょっと欠けるかなという印象。ＪＲ西日本初の駅舎内の温泉とも称しているし、冷たく？「駅前温泉」に分類するには惜しい気がする。

浴場の窓からは駅構内、そして駅のすぐ裏手にあり、温泉名の由来でもある丹敷浦を眺められる。

**■松丸駅（愛媛県・ＪＲ予土線）**

なぜか駅内温泉は「東高西低」の傾向があり、四国ではここが唯一。貴重な１カ所は、窪川と宇和島を結ぶ予土線にある。

この路線は四万十川沿いの美しい風景が人気だ。新幹線電車を模したものや、トロッコ列車など楽しい観光列車が普通列車として走っており、松丸にも停車。チャンスがあれば、ぜひ途中下車してみたい。

松丸はJR四国の駅と地元の松野町の施設が一体となった駅舎で、名称は「松野町ふれあい交流館」。オープンは2002年だ。2階にあるのが「森の国ぽっぽ温泉」である。1面しかホームがない駅なので、列車を降りれば、すぐ目の前に立派な建物と「ぽっぽ温泉」の看板が目に入る。

館内には「明治《あけはる》の湯」と「滑床《なめとこ》の湯」と2つの浴場があり、奇数日と偶数日で男湯、女湯が入れ替わる。前者は木目調で大樽風呂があり、後者は滑床渓谷の雪輪の滝をイメージした岩風呂風のデザインだ。どちらもサウナ、水風呂、露天風呂も完備。貸切できる家族風呂もある。駅前には無料の足湯もあって休憩にいい。

## ■阿蘇下田城ふれあい温泉駅（熊本県・南阿蘇鉄道）※休業中

国鉄高森線時代は阿蘇下田駅と名乗っていたが、第三セクター鉄道の南阿蘇鉄道に1986年に転換された後、1993年に温泉併設の新しい駅舎に改築されるとともに、現在の駅名に変更された。外観は、戦国時代に駅近くにあった下田城のイメージから、城郭建築風に改められている。

しかし、2016年4月14・16日に発生した熊本地震によって、南阿蘇鉄道も大きな被害を受けた。2020年8月現在も阿蘇下田城ふれあい温泉駅を含む立野〜中松間が不通になっており、復旧できた中松〜高森間だけで営業を続けている。今は2023年の全線運転再開を目指して復旧工事が進められているところだ。阿蘇下田城ふれあい温泉駅舎も被害を受け、温泉は休業している。だが、修復が進められているところは実際に私も見ており、運転再開と同時の営業再開を期待したい。

なお、高千穂鉄道（宮崎県）の日之影温泉駅内にも、1995年に温泉・宿泊施設が設けられた。ここは2008年の鉄道廃止後も、営業を続けている。かつてのプラットホーム上にある宿泊施設は「TR列車の宿」と称し、高千穂鉄道の車両が転用されている。

## 駅と周辺の散歩を楽しむ

存在そのものが珍しい駅を紹介してきたが、もちろん駅の外には、もっと広くて複雑な世界が広がっているもの。明確な趣味を持っているなら、気まぐれに途中下車しても、目指すところは明確だ。「おいしい蕎麦屋さんはない？」「このあたりには、戦国時代の城があったのだろうか?」「この地方独特の珍しい植物は、この駅の近くにありそう」。これでいい。

しかし、ターゲットを絞るのが難しいなら、日頃、あまりできない散歩でもいいだろう。そこで何か、面白いものが見つかるかもしれない。忙しい毎日、時間を無駄に過ごすことは、なかなかできない。

ただ、取っかかりはあった方がよい。いくつか、駅そのものと駅周辺の散歩の楽しみ方を紹介してみよう。まずは「収集」が好きな人向けの遊びだ。

## ■「旅行貯金」を楽しむ

郵便局は基本的に平日のみの営業なので、土休日だけが休みの人には厳しいが、自営業や学生、平日が休みで旅に出られる人、あるいは出張が多い人などには面白いだろう。私も1985年から楽しんでいる。

「ゆうちょ銀行」の貯金の種類に、旅行貯金があるわけではない。普通貯金の通帳を旅先で持ち歩いて、営業している郵便局を見かけたら、窓口で好きな額を貯金し、本来は空欄となる「お支払金額」の欄に、郵便局名のスタンプを押してもらうものだ。何局も巡っていると、局名がずらりと並んでなかなか壮観になる。

スタンプはあくまで郵便局側の好意ではあるが、一説には昭和30年代から貸切バスの運転士やガイドの間で流行していたと言われる趣味なので、特に「局名スタンプを押してください」と頼まずとも、前の局にならって押してくれる。スタンプ自体は、窓口に備え付けられている、本来は業務用のもの。間違いなく、どこの郵便局にもある。

それどころか、旅行貯金が広まってきた昭和の末頃から、ふつうの業務用スタンプではなく、旅行貯金用のスタンプを用意する郵便局も現れた。旅の記念になるようにとの配慮で、地元の名物や特産品のイラストを入れたものや、キャッチフレーズを入れたもの、赤や青など黒以外のスタンプインクで押されたものなど、実に色とりどりだ。中には2行以上ある大きなスタンプを作っている局もある。旅行貯金ファンは、これらを俗に「宝」と呼んでいるようだ。観光

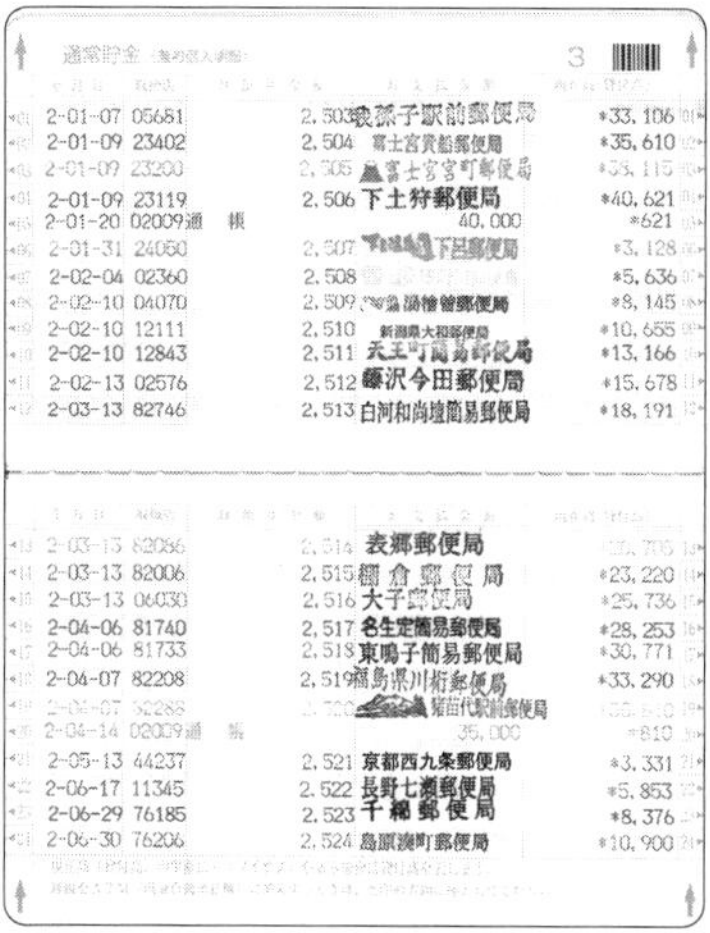
通常貯金　3

| | | | | |
|---|---|---|---|---|
| 2-01-07 | 05681 | | 2,503 我孫子駅前郵便局 | *33,106 |
| 2-01-09 | 23402 | | 2,504 富士宮貴船郵便局 | *35,610 |
| 2-01-09 | 23200 | | 2,505 富士宮宮町郵便局 | [illegible] |
| 2-01-09 | 23119 | | 2,506 下土狩郵便局 | *40,621 |
| 2-01-20 | 02009 | 通　帳 | 40,000 | *621 |
| 2-01-31 | 24050 | | 2,507 下呂郵便局 | *3,128 |
| 2-02-04 | 02360 | | 2,508 | *5,636 |
| 2-02-10 | 04070 | | 2,509 [illegible]郵便局 | *8,145 |
| 2-02-10 | 12111 | | 2,510 新潟県大和郵便局 | *10,655 |
| 2-02-10 | 12843 | | 2,511 天王町簡易郵便局 | *13,166 |
| 2-02-13 | 02576 | | 2,512 藤沢今田郵便局 | *15,678 |
| 2-03-13 | 82746 | | 2,513 白河和尚壇簡易郵便局 | *18,191 |
| 2-03-13 | 82086 | | 2,514 表郷郵便局 | [illegible] |
| 2-03-13 | 82006 | | 2,515 棚倉郵便局 | *23,220 |
| 2-03-13 | 06030 | | 2,516 大子郵便局 | *25,736 |
| 2-04-06 | 81740 | | 2,517 名生定簡易郵便局 | *28,253 |
| 2-04-06 | 81733 | | 2,518 東鳴子簡易郵便局 | *30,771 |
| 2-04-07 | 82208 | | 2,519 福島県川桁郵便局 | *33,290 |
| 2-04-07 | 82288 | | 猪苗代駅前郵便局 | [illegible] |
| 2-04-14 | 02009 | 通　帳 | 35,000 | *810 |
| 2-05-13 | 44237 | | 2,521 京都西九条郵便局 | *3,331 |
| 2-06-17 | 11345 | | 2,522 長野七瀬郵便局 | *5,853 |
| 2-06-29 | 76185 | | 2,523 千綿郵便局 | *8,376 |
| 2-06-30 | 76206 | | 2,524 島原湊町郵便局 | *10,900 |

旅行貯金通帳。訪れた全国各地の郵便局名がびっしり

地の郵便局に用意されているケースが目立つが、思わぬ局で出会う場合もある。

そこまでではないけれど、旅行貯金をすると、多くの郵便局で「遠路はるばる、ようこそ」と歓迎の雰囲気が感じられるのがいい。「すごい数、回っておられるのですね」などと、向こうから声を掛けられて、ちょっとしたコミュニケーションが楽しめることもある。スタンプインクがまだ乾いていないため、ティッシュペーパーを挟んで通帳を戻してくれる局というか、窓口の係の人もいる。気遣いが嬉しいが、お手間をかけないように、私の場合は吸い取り紙を常に通帳に挟んで持ち歩いている。

郵便局は、それこそ津々浦々。全国に2万局以上あるから、適当に途中下車した駅の近辺にある可能性は高い。時には「空振り」もあるけれど、ハプニングも旅の味わいのうちと割り切りも必要だ。用意周到に行うなら、日本郵便の公式サイトで郵便局の所在地の検索もできるから便利だ。駅名から検索する機能もあるので、どの駅の近くにあるかも、すぐにわかる。

1局につき、いくら貯金するかは自由だ。私の場合は訪問した局数に合わせた額にしており、現在、何局で旅行貯金を果たしたかがすぐにわかる。2020年9月22日現在、最新の訪問局は愛知県名古屋市の名古屋五女子《ごにょうし》郵便局で、25337局目なので25337円貯金している。学生の場合、１局あたり５００円など、少額にしている人もいる。

郵便局を見つけて立ち寄っても、そこはふだん地元の人が利用する金融機関。貯金窓口が混雑していることもあるだろう。次の列車の発車時刻まで余裕がない場合もある。空いていれば貯金の処理自体は１、２分もあれば済む。途中下車して郵便局を訪問する際の所要時間は、場所がわかっているなら、15分程度を見込んでおけば、私の経験上、まず大丈夫だ。多くの駅にある駅周辺の地図で、局の位置を確認してから向かおう。

## ■郵便局そのものを楽しむ

営業時間（平日９～16時が基本）内に訪問できれば旅行貯金をすればいいが、それ以外の時間帯であっても郵便局は楽しめる。

まず、貯金窓口は16時に閉まるとしても、郵便窓口は17時まで開いている局が多い。「風景印」なら受けられる。これは一般的な消印と同じく郵便物に押す印だが、やはり地元の特産品や名所、風物などをあしらった美しいもの。全国で１万局以上の郵便局に備えてあり、古くから収集の対象となっている。

記念に押印してもらうなら、63円以上の切手を貼ってあれば、手帳などにも押してもら

江見駅郵便局の風景印（P28～の取材参照）

える。あとあとの整理を考えると、1枚63円のハガキをその場で買うなどして、押してもらうのが簡単だ。効力としては消印と同じなので、友達に送る絵はがきなどにも「風景印を押して、出しておいてください」と、頼むこともももちろんできる。

また、特殊切手（いわゆる記念切手）も郵便窓口で買える。これは、全国で発売されるが、特定の都道府県をテーマにしたものもある。２０２０年には「江戸・東京シリーズ」が発行されている。他の地方から東京へ遊びに来た記念になりそうだ。

発売から少々日時が経って都市部の郵便局では売り切れているような特殊切手が、旅先の郵便局に残っていることもある。私も、開業からかなり後に、北海道新幹線開業記念切手がたくさん余っているのを道東の局で見つけ、喜んで買い占め？　た経験がある。郵便局側にも、売れ残るよりよいと喜んでもらえた。その後、旅行貯金の順番待ち、あるいは通帳の処理待ちの間に郵便窓口を覗くのが習い性になった。

まったくの営業時間外でも、郵便局をテーマにした「建物ウオッチング」が楽しい。別に市役所でも病院でもいいのだが、郵便局ほど数が多くバラエティに富んだ建物をしている公共施設はないと思う。一見、平凡なように見えても変則的な局に出会うと、思わず目を見張るようになった。2000局以上も見てきたせいもあるだろう。最近では例えば下呂郵便局。出入口は一般道に面した1階にあるのは当たり前として、窓口がすべて2階にあることには意表を突かれた。ふだん使いしている地元の人にとっては、別に珍しくはないだろうが、入口を入るとまずATMがあり、奥に進むと同じフロアに窓口がある郵便局の基本形に慣れていると、ちょっと驚く。敷地が狭く、1階に駐車場を設けるため、こういう配置になったのかと想像できるのが楽しい。

その他、古い街並みの中にある郵便局では、たとえ新しい局舎であっても、周囲に合わせてレトロ調にしたようなところもある。県庁や市役所、高層ビルや空港、時にはショッピングセンターなど、大きな建物に郵便局が入っている場合もある。東京の最高裁判所内

簡易郵便局の例（天王町簡易郵便局・新潟県南魚沼市）

郵便局など入るのに緊張するような局もあるが、利用自体は他の局と同じように可能だ。ただし、一部の官庁内の郵便局は、一般人の出入りを制限しているところもあるそうだ。有名なのは宮内庁内郵便局で、職員専用である。

バリエーションに富むのが「簡易郵便局」だ。郵政民営化以前は郵便局の窓口業務を民間に委託していた局を指していたが、現在は日本郵便から外部に委託された局を指す。委託である分、郵便局の設備は「簡易」の名に違わず形にはまっていない。委託先の民家の一角が郵便局になっているケースが多いので興味深いのだ。

私が出会った面白い簡易郵便局としては、例えば、立山千寿ケ原簡易郵便局。富山地方鉄道立山駅の近くだが、旅館の2階の入口部分が郵便局の窓口になっていた。和歌山線掖上《わきがみ》駅から徒歩10分少々のところにある奈良県高取町の車木簡易郵便局は、江戸時代から続くと思われる民家の一室が局舎だった。近くに鉄道の駅がないのが残念？　だが、衝撃的だったのが高知県土佐市の井尻簡易郵便局。真夏であったので大きく扉を開け放った民家の玄関先に、ちゃぶ台のような小さな机が置かれており、それが「窓口」だった。今は移転し改装もされて郵便局らしくなっているようだが、学生時代に出会ったこの局は忘れられない。

## ■駅の中にある郵便局もある

これは簡易郵便局に限らないが、駅舎の中に郵便局が併設されているところもある（巻末に一覧表を掲載）。第1章の途中下車実践ルポで訪れた、千葉県鴨川市の江見駅郵便局が最新で、今後、増えそうなのが旅行貯金派としては嬉しい。駅舎そのものの中に郵便局が入っているところだけではなく、駅と一体となった駅ビルの中に郵便局がある例、あるいは高架駅の下のショッピングゾーンに郵便局がある例も、かなりの数になる。後者は「準駅内郵便局」と呼ぶべきか。解釈次第でいくらでも増えそうだが、一覧表では、私が実際に訪問して見た独自の視点から、準駅内郵便局は選定している。ここも該当するのでは？　という情報があれば、お寄せいただけるとありがたい。

駅内郵便局は大きく分ければ、「都市型」と「ローカル型」になるだろう。

仙台駅内郵便局や写真を掲載した大分駅内郵便局などは、都市型だ。駅は人が集まるところ。通勤や買い物などで乗降する時に、駅の中に郵便局があれば立ち寄れて便利だという発想から設けられた局である。準駅内郵便局は、もっぱらこちらに含まれる。

ローカル型は、駅内グルメと同じ理由で、無人駅の管理と乗車券の委託販売を兼ねて、飲食店の代わりに郵便局が入ったケースが始まりだ。江見駅郵便局はこのパターンだ。小規模な駅ばかりなので、駅ビル内を探し回る必要もなく、途中下車したらそこにすぐ、駅の出札口ならぬ郵便局の窓口があるのがいい。

ただ、最近は駅としての業務と郵便局としての業務は分け、お互いに関知しないケースも目立っている。写真の島根県雲南市の大東駅前簡易郵便局は木次線出雲大東駅の中にあるが、やはり駅と郵便局は別であった。京都府南丹市の胡麻郵便局は山陰本線胡麻駅と一体化しており、見事な駅内郵便局なのだが、駅自体は無人で自動券売機が置かれているだけ。郵便局員は複数、勤務しているのだけれど、駅の業務にはノータッチだ。

駅内郵便局に限った話ではないが、簡易郵便局受託者が高齢化し代わりも見つからない

大分駅内郵便局

大東駅前簡易郵便局

ため、局を一時的に休止するケースが、近年、散見されるのが気に掛かる。由利高原鉄道の子吉駅内にある玉ノ池簡易郵便局は、２０１６年１月から約１年半、営業を休止し、地元の住民の方々もさることながら、旅行貯金派をもやきもきさせた。幸い、引き受け手が見つかり、２０１７年７月より営業を再開している。国鉄矢島線時代からの歴史があり、２０１１年に駅舎が改築された時も、簡易郵便局の入居を前提にした設計になっていただけに、地元の駅と郵便局との間には切っても切れない縁があるのだ。

## ■古典的な？　収集アイテム「スタンプ」

国鉄が、１９７０年から１９７６年まで展開したキャンペーン「ディスカバー・ジャパン」では、一環として全国の主要駅や観光地の最寄り駅に一斉に記念スタンプが設置され、収集派を喜ばせた。その後の「一枚のキップから」などのキャンペーンでも、同様にスタンプが駅に設置されたが、「ディスカバー・ジャパン」ほどの広がりは見せなかった。これ50年近くが経った現在では、これらのスタンプが残っている駅はほどんどなかろう。これも共通であったスタンプ台だけは、ＪＲ芸備線の狩留家《かるが》駅で生け花を飾る台に転用されて残っているのを見かけた覚えがある。探せばまだ他にもあるかもしれない。

くま川鉄道人吉温泉駅のスタンプ

「わたしの旅スタンプノート」

駅の記念スタンプ自体は戦前からあったそうだが、一気に普及したのは国鉄のキャンペーンからだろう。弘済出版社（現在の交通新聞社）も１９７１年に「わたしの旅スタンプノート」を発売して後押し。駅のキヨスクなどで、現在も売られ続けているロングセラーとなっている。一冊、買っておけば収集や整理に役立つ。

今、駅のスタンプは、各駅独自のもの、あるいは鉄道会社ごとのものに移行したが、人気の高いアイテムとして多くの駅で健在だ。収集好きなら、スタンプ帳を持ち歩いて押すのも、途中下車へのモチベーションとなるだろう。ＪＲだけではなく、私鉄や第三セクター鉄道の駅にも設置されていることがある。

駅のスタンプに限らず、観光地に記念スタンプが置いてあることもある。探し出すのは駅ほど簡単ではないが、観光案内所などで見かける。これを押して、収集するのも途中下車ならではの楽しみだろう。土休日でも押せるところは多そうで、郵便局の風景印よりは、集めやすいかもしれない。

旅行貯金にしろ駅のスタンプ集めにしろ、旅から帰ってきて収集の「戦果」を眺めてほくそ笑むより、むしろ「目的を持って、その場所まで行ったこと」の方が楽しいのではないかと私は思う。記録より記憶。目的達成の過程も楽しみたい。

## ■御朱印集めから派生した？「鉄印帳」

神社仏閣の御朱印集めがブームと聞く。私自身はさほど興味が湧かないので、やっていないが、ある程度、知名度がある寺社の社務所や寺務所で、御朱印帳に押印される、あるいは手書きの墨書で記される。記念スタンプの類とは違い、あくまで参拝した印。宗教行為の一つであるそうだ。西国三十三所霊場詣、あるいは四国八十八ヶ所霊場詣のように、場所と数を限って集めるパターンもある。

なお、基本的に御朱印は有料。つまり、押印してもらうためには初穂料やお布施を納める必要がある。

　この御朱印集めを趣味にしている人にとって、途中下車は肌に合うかもしれない。実際には自家用車で回っている人が多かろうが、目星をつけて列車の乗り歩きスケジュールを組み寺社を巡る方が、参拝と鉄道旅行を両方、楽しめるというもの。旅行貯金などと同じである。

　この御朱印集めにならって、第三セクター鉄道等協議会加盟の鉄道会社40社が2020年に始めたのが「鉄印」だ。私もさっそく「鉄印帳」を購入している。

第三セクター鉄道40社が参加する「鉄印帳」

　趣向としては御朱印に似ており、各社指定の有人駅の窓口で、「鉄印」をいただけるのだが、鉄道の利用促進を目的としているだけに、ユニークな点がいくつかある。

　まず、2200円の鉄印帳自体、各社の窓口でしか発売しておらず、基本的に通信販売は行っていない。この鉄印帳がないと鉄印は受けられないのだが、人気が高く、すぐ売り切れてしまう傾向にあるようだ。随時増刷が行われているので、タイミングを測ろう。

そして「鉄印」だが、これも現地でしか受けることができず、郵送などでは受け付けていない。しかも、その鉄道の乗車券を鉄印帳に添えて、窓口で見せないといただけないのだ。つまり、列車に乗ることが大前提で、下車した後に受ける場合は、「鉄印」を受けに行く旨、乗務員に申し出る。あくまでその鉄道に乗車し、そして有人駅だが途中下車をした記念である。

自家用車で回って、最低運賃の乗車券を駅で買って添えても鉄印は集められるが、面白くあるまい。いずれも経営的には苦しい鉄道ばかりだ、ひと駅でもいいから乗ろうではないか。フリーきっぷ類でもＯＫなので、途中下車の旅とともに楽しみたい。

鉄印自体も有料で、３００円から。各社ごとに趣向を凝らしたデザインが楽しめる。印刷済みの紙に日付を入れてもらい、鉄印帳には自分で貼る方法が主流だが、中には係員の直筆（その代わり、値段は高め）の会社も。社長が在席していれば、直々に書いていただける会社もある。いかにもローカル鉄道らしい気楽さだ。

なお、40社の鉄印をコンプリートした鉄印帳を、事務担当の出版社へ送ると、シリアルナンバー入りの「鉄印帳マイスターカード」を、鉄印帳ともども送り返してくれる。対象は北海道の道南いさりび鉄道から、熊本・鹿児島県の肥薩おれんじ鉄道まで全国に散らばっているので長い道のりになるだろう。

「完全訪問」の順番を競うのもいいが、気長にめぐって、鉄道旅行を楽しんでほしい。魅力的な鉄道ばかりだから。

## ■楽しい「タウンウォッチング」

鉄道と関係する途中下車の楽しみだけではない。ある程度、大きな集落や町で途中下車してみれば、グルメや郵便局だけではない、旅の楽しみもある。実際に私が楽しんでいたり、友人知人が楽しんでいる「タウンウォッチング」のポイントをいくつか挙げてみよう。あらゆる物事が趣味の対象になっている。

まず、バス好きの人たちがいる。

バスは大都市圏の会社が新車として購入し、次第に中小都市のバス会社へと中古車として転売されていくものだ。色が変わっていたりするとわかりにくいが、中には元の会社の色のまま走っているケースもあったり、乗ってみると細かい掲示が元のまま残っているといったこともある。細かい形式などはわからなくても、駅前に出入りするバスを眺めていると、そんな出会いもあるから楽しい。私が実際に見た例だと、稚内《わっかない》市を中心に路線網を持つ北海道の宗谷バスで、自宅近くを走っている東急バスから来た車両が銀色に赤帯の色もそのままに走っているのを見かけ、自分がどこにいるのかわからないと苦笑したこともある。

さらに上級者となると、時間の許す限り、適当な路線バスに乗って「探検」に出かけたりする。今やどのバス会社も公式サイトを持っており、時刻表を掲載している。スマートフォンで検索すればいい。駅前の観光案内所で、紙の時刻表が入手できることもある。旅行貯金などと組み合わせて、例えば郵便局のあるところまで、試し乗りのつもりで近くまで往復するのだ。

町の中を歩き回っていても、いろいろな発見がある。

最近は、自動車社会がよりいっそう深まり、鉄道駅の周辺の町が衰退。いわゆるシャッター通り商店街などが目立つようになってしまった。しかし、現役の店はもちろん、閉店してしまった店でも工夫を凝らした看板が残っていたりする。

そういう面白い看板を探して回ることを趣味にしている人もいる。写真は、千葉県の銚子市内の釣具店の看板。文字が釣り針の形をしているのが、わかるだろうか。こういう看板を見つけては記録しておくのだ。いつ取り外され消えてしまうか、わからないから。さ

銚子市内の釣具店の看板

らに一歩進み、建築に強い人なら建物そのものを見るのも楽しいだろう。

同じような趣向で、マンホールの蓋を見て回る人もいる。地方によって、または設置した組織によって、さまざまなタイプがあり個性が豊かなものだからだ。

あるいは「単管バリケード」と言って、工事現場の仕切りにつかうパイプを支持する「支え」を楽しむ人もいる。これも最近、動物の形をしたもの、アニメのキャラクターを模したもの、中には新幹線の電車をモチーフにしたものなど、さまざまな種類が出回っている。これは、どこに何があるかわからないし、工事が終われば撤去されてしまう。だから好きな人は、旅先で出会ったら、せっせと記録する。

もう少しアカデミックな？　趣味として、鉄道や道路の橋梁やトンネルを見るのが楽しいという人もいる。現役または廃止されたもの、どちらでも問わないが、全国的にも珍しいタイプに出会えることを至上の喜びとしている。

これらは、旅行貯金とは違って、24時間いつでも楽しめるのが強みだ。

## ■特定の商品を買い集める

私の数少ない趣味に「ジャム集め」がある。特に変わったところはないと思うが、旅先で、地元の特産品を集めた物産館やお土産屋があると必ず覗いて、何か面白そうなジャムはないかと探すのである。そして自宅に持ち帰り、朝ご飯で食べ、感想を写真とともにブログに記録としてアップしている。フルーツが名物の県、例えば福島や山形などは当然として、フルーツではないけれど広く知られた特産をジャムに仕立て上げたりしているから面白い。宮城県の東北新幹線古川駅内の売店で買った、「ずんだジャム」あたりが筆頭だろうか。その一方で、有名観光地であるのにジャム不毛の地があったりする。どういう傾向なのか興味深いが、ジャムに熱心な県とそうではない県がはっきり分かれているような気がするのだ。これも新幹線の某終着駅高架下の巨大お土産売場をさんざん探し回って、ジャムのジの字も見つからなかったことがある。

別にジャムに限らないが、自分が好きな特定の商品に絞って、途中下車して買い集めるのもいい。これもある程度、大きな町の方が出会いやすい。

昔は三角形の「ペナント」が定番で、部屋にたくさん張っていた人もいるだろう。今ではむしろレトロアイテム化しており、存在しているかどうかすら怪しいが、探してみるのもよいだろう。

これもすたれた商品かもしれないが、絵はがきも面白い。俗に「絵はがき写真」などと揶揄され、かつては決まり切った定番の場所と構図のものしかなかったが、時に手書きのイラストを使ったものなどが見つかったりする。その点、ヨーロッパの方が一枚上手で、クスッと笑いたくなるデザインのものがある。

最近のはやりは、缶バッジやキーホルダー、マグネットなどの小物だろうか。全国どこへ行っても有名キャラクターがあふれている気もするが、値段も安いので気軽に買い集められる。

私は甘党なのでジャムだが、左党は地酒に絞って買い集めるのもいいだろう。お土産用の小型の瓶や、ワンカップなどを見かける。持ち運びに注意すれば自宅で全国の酒が楽しめるのだ。飲食物では他に、必ず饅頭を買うとか、レトルトカレーを集めるとか。保存が利くものをターゲットにするのがよさそうだ。

どちらにしても「どこにでもありそうだけど、その分、地方色が出ているもの」に注目して集めるといい。

## ■鉄道の「廃」を楽しもう

鉄道好きとしては、鉄道が廃止になってほしくない。けれど、櫛の歯が欠けるように、ローカル線が消えていくのが、宿命のようになっている。

かなり上級者向けとなるが、廃止となってしまった鉄道をしのぶ方法を述べてみよう。いわゆる「廃線跡探訪」だ。とはいえ、途中下車のついでに楽しむのだから、古い地図を用意の上、人里離れた山の奥まで進み、わずかに残る痕跡を探して歩くわけにはいかない。駅近くや、あるいは車窓から、「あれは○○鉄道の跡では?」と、現役時代を想像してみるのである。

わかりやすいのが、遊歩道やサイクリングロードなど、そのまま路盤が道路に転用されているケース。地図を眺めると、明らかに周囲の一般道とは異質な道路が描かれたりして

夕張鉄道廃線跡

いる。駅内温泉の項目で述べた、山形新幹線高畠駅から出ていた山形交通高畠線などは、好例だ。スマートフォンで、途中下車した駅のＷｉｋｉｐｅｄｉａの項目を参照すると、その駅からかつて分岐していた鉄道が記されているから、参考になる。

　写真は北海道、野幌《のっぽろ》と夕張を結んでいた私鉄の運炭鉄道、夕張鉄道の跡だ。これも２０１９年に廃止された、ＪＲ石勝線夕張支線の車内から撮影してみた。県道をまたぎ越していた地点で、線路跡や橋梁がそのまま、サイクリングロードに転用されているからすぐわかる。ここから北、夕張市の中心部までは、ＪＲと夕張鉄道が並走していた様子が車窓からもわかったが、今は廃線跡が２本並んでしまった。

　地元の鉄道への愛着が強ければ、廃止後に鉄道

沼尻軽便鉄道記念碑

や駅跡の記念碑が建てられたり、車両が保存されたりしている。例えば、現在のＪＲ磐越西線川桁《かわげた》駅前からは、通称「沼尻軽便鉄道」が分岐しており、鉱山からの硫黄輸送を担っていた。ヒット歌謡曲「高原列車は行く」のモデルとなった鉄道と言われるが、それをしのんだ記念碑が川桁駅前にある。駅前広場の一角が乗り場であった。

そこまで深く廃線を追求しなくても、駅のホームに降り立ち、向かい側に線路が外され使っていないホームが残っていたりすると、かつて、その駅は列車のすれ違いができた駅なのだなとわかる。ホーム上にはサクラなどが植えられたりして、ちょっとした名所になっていることもあるが、かつての賑わいを思うとわびしい。

昔は、ほとんどの駅で貨物を扱っていたので、駅舎脇にあった貨物ホームの跡は随所に残っており、保線用機械の置場になっていたりする。また、駅前に通運業者や農協の倉庫が建っているのは、やはり鉄道で地元の農産品を運んでいたころの名残。廃駅跡の側にもあったりする。

## 駅と周辺の地形を楽しむ

鉄道は、自動車と比べて急勾配に弱い。強力な電車でも、一般的には40‰（１０００m進む間に40m登る割合）程度までの上り坂が限度とされる。それ以上になると、電車の性能にも工夫が必要となる。こうなると下りの方が問題で、最高80‰の勾配がある箱根登山鉄道では、電車に複数系統の特殊なブレーキを装備して、暴走事故防止に努めている。力が弱い蒸気機関車ならなおさらで、明治時代の鉄道拡張期、山岳地帯に線路を敷こうと思えば、時にループ線やスイッチバックといった工夫を必要とした。

気楽な現代人としては、地形を克服しようと努力した、先人の苦労をしのぶとともに楽しみたい。昭和40年代以降、日本鉄道建設公団（当時）が建設した鉄道は、俗に「公団線」とも呼ばれ、新幹線に代表されるように、高架線と長大トンネルで地形をあまり考慮せずに敷設された。それゆえ、面白みがないとも思われがちだが、鉄とコンクリートで解決したような豪快な施設は、それはそれで見ていて面白い。

地形に応じて建設された鉄道を駅と駅周辺で観察できるところは、もちろん途中下車候補駅。今は都会の細かい地形が注目されているが、わかりやすいところを紹介しよう。

## ■急勾配が体感できる駅

勾配と言えば、まずは先述した箱根登山鉄道だろう。首都圏からも近く、箱根自体が人気観光地なので、休日は賑わう。この鉄道の営業区間は小田原～強羅《ごうら》間だが、小田原～箱根湯本間は実質的に小田急の一部となっており、走る電車も、ロマンスカーを含めて小田急のものばかりだ。勾配も40‰に留まり、社内では「平坦線」と呼ばれている。本番は箱根湯本～強羅間。箱根の外輪山に取り付いて登るため、特殊装備を持つ小型の専用電車しか走ることができない。この区間が開業したのは1919年。昨年100周年を迎えた。

もちろん全線を乗り通しても、3カ所のスイッチバックをはじめ見どころは多いのだが、途中下車をすると、楽しみは増すだろう。まず、箱根湯本を発車したとたん、80‰勾配を登り始める。最初の塔ノ沢駅からして、両側をトンネルに挟まれている狭い土地に作

箱根登山鉄道大平台駅

られている。トンネルの中を見ていると、前照灯をつけて電車が急勾配を登ってくる様子がよくわかる。なお、この駅構内には銭洗弁天が祀られている。寺社がある駅も珍しい。

大平台は、3カ所のスイッチバックのうち唯一、一般客が乗降できるところ。電車が出入りする様子を、すぐ近くから眺められる。ここですれ違いとなる列車も多いので、上り下りの電車がそれぞれ急勾配を上り下りして到着する。

大平台の駅舎は並走する国道1号沿いにあるが、かなりの階段を登らないと到達できない。車窓を眺めていても、もちろん険しい地形は感じられるが、降りて外に出ようとしたり、周囲の温泉地へ向かおうとすると急坂が待ち構えている。いかに厳しいところに鉄道が敷かれているかを感じられる。

大平台以外の２カ所のスイッチバックは信号場といい、運転上の必要から設けられたところ。塔ノ沢～大平台間の出山信号場と、大平台～宮ノ下間の上大平台信号場だ。ホームはあるが、運転士と車掌が前後の位置を入れ替わるための設備。利用客は乗降できない。

ＪＲのスイッチバック駅としては、木次線の出雲坂根、豊肥《ほうひ》本線の立野、肥薩線の大畑《おこば》などが挙げられる。このうち、大畑はループ線の途中にある日本唯一のスイッチバック駅だが、２０２０年７月の豪雨で肥薩線自体が大きな被害を受け、当分、列車が運転できない状態となってしまった。２０１８年には、駅内の建物を改装したレストランが開業したばかりのグルメ駅でもあるから、ぜひ復旧を待ちたい。

出雲坂根は、宍道湖畔の宍道から川を遡るように敷かれてきた鉄道が、いよいよ谷の奥まで達し、これから峠を越えて広島県側へと抜けようかというところにある。スイッチバック見学もさることながら、ここで楽しいのは、駅前の売店。地元の名産「仁多米」のおにぎりや、焼き鳥の人気が高い。その隣にはわき水「延命水」が湧き出ており、蒸気機関車時代から、旅行者の喉を潤してきた。ここに停まる列車は１日３往復６本だけと少ない。だが、この駅では水を飲む観光客に配慮して長めに停車する場合も多い。観光トロッ

出雲坂根を発車してスイッチバックへ向かう木次線普通

コ列車「奥出雲おろち号」が運転される時は、やはりこの駅自体が見どころで長い時間停車するから、途中下車に適している。

立野駅を含む、豊肥本線の肥後大津～阿蘇間は、2016年の熊本地震の被害から、2020年8月8日にようやく復旧したところ。立野を往来する列車も復活した。阿蘇山の外輪山越え区間で、出雲坂根よりスケールが大きなスイッチバックがある。乗って体験するだけではなく、ぜひ線路際から見たいところだが、立野の集落を間に挟んでいたり、幹線道路が上を横切ったりしているので、全貌がうかがえる場所がなかなかない。そこで、手軽に立野駅前で「音」を楽しむのはいかがだろう。立野を発車した阿蘇方面行き列車は、エンジンを盛大に吹かして折り返し地点まで登って小休止。さらにエンジン音も高らかに登り、風向きによっては、立野駅の位置のはるか上の方を走る様子が音でわかる。

立野駅舎は地震によって破壊され、解体された。今後、改めて建てられるが、今はない。休憩するなら駅前の「ニコニコ饅頭」の店がいい。店の前にベンチがあり、餡子が入った饅頭をほおばりながら、立野の風情を楽しみたい。筆者が訪れた時は人気がありすぎて、私の直後で売り切れ。見かけて、欲しいと思ったらすぐ買うのが、旅先の鉄則だ。

## ■トンネル駅で地形を感じる

地下鉄ならトンネルの中に駅があるのは当たり前だが、国鉄時代、主要幹線が電化や複線化などに際して、長大トンネルを通る新線へ移設された時、もともとあった駅を廃止するわけにはいかず、一緒にトンネルの中へと移した駅がいくつかある。旧線は川や海岸に沿って敷設されているため、曲線が多く用地も乏しく、思い切った改良が行われた区間であるが、そこで生まれたトンネル駅で途中下車してみれば、もともとの地形の険しさを感じられる。

元の駅は旧線時代、集落の側にあったが、トンネル駅となって、かなり不便な山間部へ

武田尾駅ホームの北半分はトンネルに覆われている

と移ってしまった。利用客数も少ないため、そうした割り切りが行われたのだが、おかげで停車する列車も少なく、途中下車すると次の列車が来るまで、時間を持てあましたりしがちだ。

その中で、15分間隔で普通電車が停まる、途中下車派のためにあるようなトンネル駅がある。JR宝塚線（福知山線）の武田尾駅だ。ここは完全なトンネル内ではないが、ホームが外へ顔を出している部分はわずか。福知山線は武庫川《むこがわ》の渓谷に沿って建設され、１８９９年開業の旧武田尾駅も狭い平地に設けられていた。１９８６年に武田尾駅を含む宝塚～三田間が複線電化の新線に切り替えられた際、長大トンネルの合間、武庫川にかかる橋梁とトンネルにまたがる位置へと移設されたのだ。付近の武庫川にはダム建設が計画されており、新しい武田尾駅もかなり高い高架上にある。

そのため、出口を出るまでには長い階段を降りなければならない。もちろん、エレベーターなどはない。

しかし、トンネル内のホームは吹き込む川風や列車通過の時の風もあいまって、真夏でも涼しい。スペースには余裕がありそうなので、半分本気で、夏季にビヤホールを開くと人気が出ると思っているが、いかがだろう。宝塚からわずか８分。大阪からでも45分ほどで行けるのだ。電車を降りれば徒歩０分である。

今でも、休日になると乗降客が増える。福知山線の旧線はハイキングコースとして整備されており、生瀬《なまぜ》駅方面へ抜けられるのだ。また、徒歩10分ほどのところには武田尾温泉があり、日帰り入浴ができる旅館もある。

トンネル駅と言えば、いちばん有名なのは、上越線の土合《どあい》かもしれない。元は信号場で、１９３２年からは一般旅客の乗降が可能になった。当時は単線だったが、１９６７年に複線化された際、下り越後湯沢方面行きの線路は新清水トンネル経由となり、旧線は上り列車用となった。土合と隣の湯檜曽《ゆびそ》の両駅は、下りホームを新清水トンネル内に設け、トンネル駅が誕生している。そのうち湯檜曽はトンネルの入口に近く、駅舎からの連絡通路も

延々と続く土合駅の階段

短いが、土合駅の下りホームと駅舎との間は、462段もの階段で結ばれた。これは下るだけでも約10分。有人駅だった頃には、市販の時刻表に発車10分前に改札を打ち切る旨、欄外の注意書きがあった。

一方、登るとなると私の足で列車を降りてから改札口まで約15分かかり、へとへとになった。エスカレーター用地は階段の横に用意されているが、1日平均の乗降人数は10数人というありさま。階段自体が名物となっているからには、設置は実現するまい。

土合も停車する普通列車が1日5往復10本しかなく、途中下車しにくい。ただ、水上～谷川岳ロープウェイ間の路線バスが湯檜曽、土合の両駅前を通る。私も水上温泉に泊まり、朝一番の列車（と言っても8時台だが）で土合に向かい、元気なうちに階段を登り切って、水上駅前行きのバスをつかまえ湯檜曽駅前へ。もう一つのトンネル駅も観察して、越後湯沢へ向かうスケジュールを組んで「制覇」した。

土合駅を取り上げたのは、2020年8月8日、駅舎内にカフェ「mogura」がオープンしたからだ。有人駅時代のきっぷ売場などの雰囲気を再現しているとのこと。宿泊施設も追って営業を始めるそう。ぜひまた、あの階段を登って、訪問してみたい。

## ■谷を豪快にまたぐ「高い駅」

トンネルに対する鉄道施設と言えば、鉄橋（橋梁）や高架橋だろうか。高いところにあって、眺めがよい。またはホームまで到達するのに苦労する駅も紹介しておこう。列車から降りればそこはホームだから、眺めるだけなら何の苦労もいらないが、そのまま次の列車を待つのも芸がない。ぜひ、階段や通路を上り下りして高さを実感したい。

景色の良さなら、JR嵯峨野線（山陰本線）の保津峡駅が白眉だろう。武田尾駅と同じ事情で、1990年の複線電化の際、谷間の旧駅から保津川を見下ろす高架橋上に移転した。ホームの真下が川で、保津川下りの遊覧船や、旧線を活用した嵯峨野観光鉄道の列車も見下ろせる。

以前は、「高い駅」と言えば、必ず名前が挙がっていたのがＪＲ三江《さんこう》線の宇都井駅だが、残念ながら２０１８年に路線ごと廃止になった。その後、観光施設としての活用が図られている。１１６段もの階段があった宇都井ほどではないが、現役の駅としてはＪＲ福北ゆたか線（篠栗《ささぐり》線）の筑前山手駅も「階段駅」だ。１９６８年開業と比較的新しい駅で、谷を大きくまたぐ高架橋の上にホームがあり、80段の階段で地上と結ばれている。

■鉄道と川の関係

純粋に橋梁の上にある駅もある。武田尾や保津峡もそうだが、関西で知られているのは、阪神武庫川駅。尼崎市と西宮市の市境になっている武庫川の上にホームがあり、両市側に改札口が設けられている。足下を見下ろすと川の流れが見え、風が吹き抜ける。

ＪＲでは、土讃線の土佐北川駅が屈指だろう。１９８６年に線路が新線へ切り替えられた際、吉野川の支流の穴内川の上にホームが設けられた。トラスに囲まれる形で、特急が通過する時には豪快に音が鳴り響く。

反対に、川が刻んだ地形に忠実に線路を敷き、特徴的になった路線や駅もある。

飯田線は風光明媚な車窓風景と、元が私鉄であるゆえの短い駅間距離で知られるが、建設時期は明治の末から昭和の始めにかけて。戦後のような地形無視？の路線とは反対に、可能な限り地形に沿っている。そのため曲線が多く、列車のスピードも低い。典型的なのが「田切」と呼ばれるところ。飯田から伊那市付近にかけての飯田線は、河岸段丘の上を天竜川に沿って走っているが、中央アルプスの高峰から流れ出てくる川の勢いは、段丘にナイフを入れたかのように、深い谷を刻んでいる。それが田切だ。

今なら高架でまたぎ越すだろうが、当時はできるだけ長い橋梁を避けるように、いったん谷をさかのぼってから、川を渡り、ふたたび川を下る。地図を見ていると、わかりやすいのが伊那本郷駅や、地形がそのまま地名になっている田切駅付近だ。車窓も美しいが、田切駅付近で中田切川を渡る地点は、「Ωカーブ」と呼ばれ、中央アルプスを背景に鉄道の撮影ができる名所となっている。美しい風景の中を列車が走る撮影ポイントまでは、田切駅から歩いて10〜15分ほど。単に地形を眺めに行くだけでもいい。なお、大田切という駅も飯田線にあるが、そちらは谷がさほど深くないせいか、真っ直ぐ、大田切川を渡っている。

田切は、風景はいいが、地形や線路の形の面白さでは、田切に一歩譲る。別な意味でも最近、知られる。

アニメやマンガの舞台となった土地を実際に訪れる「聖地巡礼」と呼ばれるファンの楽しみの「発祥の地」として、２０１８年には記念碑まで駅前に建てられている。平成のはじめにヒットしたある作品に田切が登場し、地元も盛り上げに一役買っているのだが、記念碑には版権の関係か作品名が書いていない。そのアニメやマンガのファンではない人には、わけがわからないだろうが、ファンには周知の事実だ。俳句や短歌、小説の一節を刻んだ文学碑はあちこちの駅前にあるが、アニメの記念碑はまだ珍しい。

## 山形県の県境7駅を3日でめぐる

私が、鉄道を専門とするフリーライターとなってから、早いものでもう20年近くになった。おかげさまで、仕事の発注も途切れずに来ている。

その代わり、自由気ままな旅はもうできない。毎月1回や2回は、どこかへ鉄道で旅はしているものの、その全てがと言ってよいほど、取材旅行ばかりなのだ。仕事だから、編集部から「あの鉄道の記事をお願いします」と依頼されるのが基本。自分で企画を立てる場合もあるが、それでも出発前に目的地はきっちり定めておく。たまには気まぐれ旅をしたいと思っても、なかなか叶えられない。インターネット時代だ。海外に逃げた？　としても、eメールやクラウドを使って仕事が追いかけてくる。

そうなると、途中下車と言っても、事前に「○○駅で降りて、様子を見よう」と計画した上でのこと。もちろん帰宅してから記事にまとめなければならないから、ある程度の下調べも必要だ。時間は限られるから、空振りは避けたい。

ただ、時には思わぬ出会いに恵まれる時もある。２０１８年に鉄道雑誌で掲載された「山形県の県境7駅 その静かなる風景」の取材など、特に印象深い。

この記事ももちろん、編集部からテーマの指定があった。取材対象は山形県と隣県の県境に位置する7つの駅だ。訪問した順に、板谷（奥羽本線）、面白山高原《おもしろやま》（仙山線）、小国《おぐに》（米坂線）、鼠ケ関《ねずがせき》（羽越本線）、

コラム　私の途中下車体験・山形の県境駅（1）

山形県のＪＲ路線図

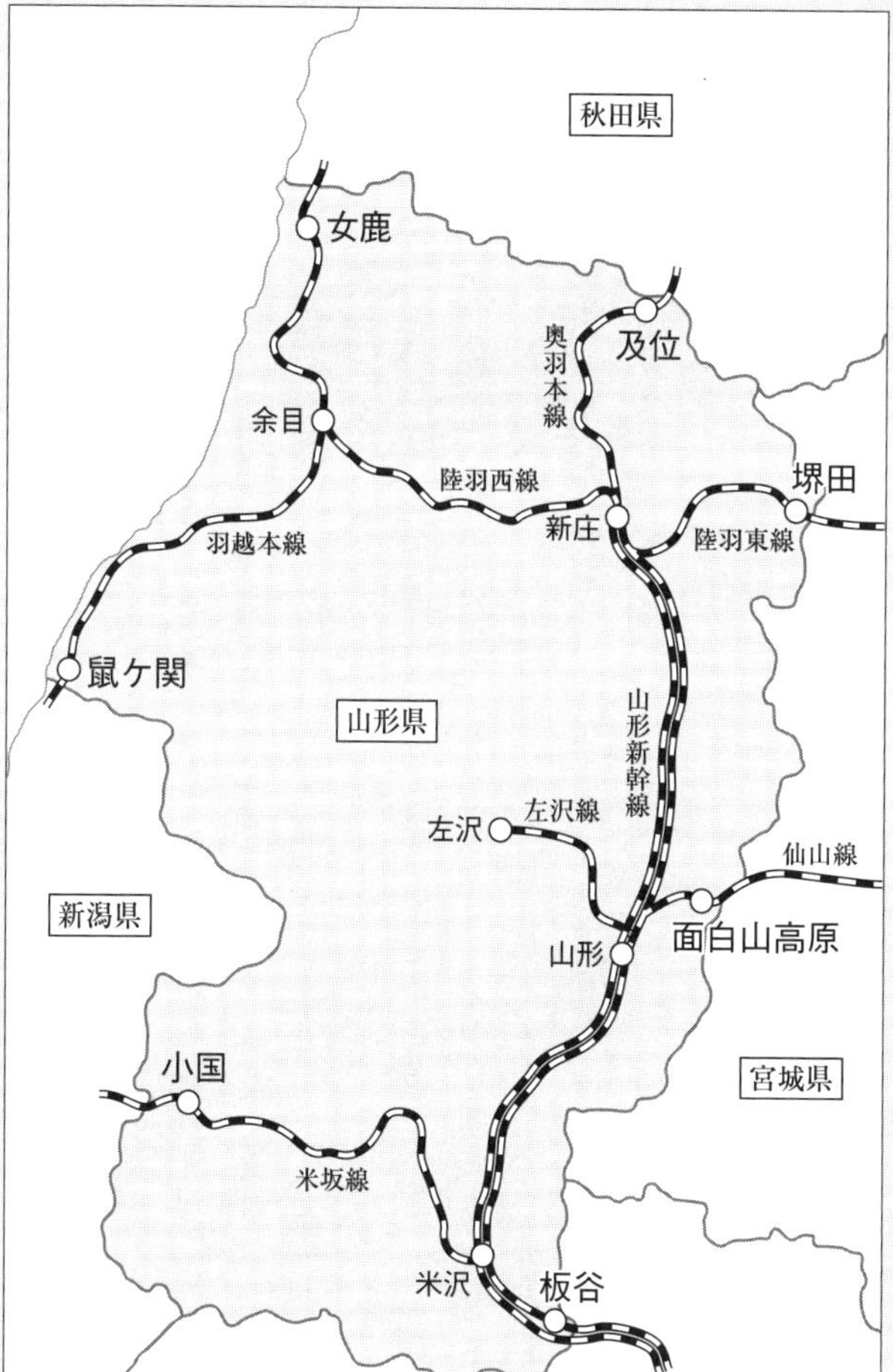

女鹿《めが》（羽越本線）、堺田（陸羽東線）、及位《のぞき》（奥羽本線）である。

　しかし、珍しいことに、「何があるのかわかりませんけど、何があるのか、見てきてください」という依頼だったのだ。途中下車する駅は決まっているけど、そこで何かを探し、発見する楽しみがあった。取材日は、手元のメモによると、２０１８年4月16〜18日の月曜から水曜にかけて。朝夕の通勤通学ラッシュを見なければならない場合が多いし、そもそも旅行貯金も目当ての一つだから、取材は平日を基本にしている。

　きっぷは「北海道&東日本パス」を使った。「青春18きっぷ」と同様、ＪＲ東日本とＪＲ北海道の普通列車が7日間連続で乗り放題。つまりは途中下車のし放題で、１万８８０円（当時。現在は１万１３３０円）の割安なきっぷで、「青春18きっぷ」の春の有効期間が4月10日までなのに対し、「北海道&東日本パス」は4月22日まで使えたから、都合がよかった。山形までの往復は別払いで新幹線を使ったけれど、十分に元は取っている。（Ｐ１７８に続く）

# 私の途中下車体験・山形の県境駅（1）

鼠ヶ関駅。普通列車の一部はこの駅で折り返しとなる

堺田駅は、両隣を温泉駅に挟まれた県境駅だ

# 第3章

# 定期券でも途中下車

## 途中下車自由な定期券

日常の通勤や通学に定期券（正式には定期乗車券）を使っている人は多いだろう。「四ツ谷〜三鷹・中央本線経由」のように、定められた区間、定められたルートを、１カ月、３カ月、６カ月といった有効期間内であれば何度でも乗車でき、しかも毎回、普通乗車券を買うより割安という乗車券の一種だ。最近は、ＩＣカードに定期券を載せたスタイルも定着している。

自宅から勤務先、あるいは学校への往復に使う乗車券という主旨からすれば、ちょっと奇妙にも思えるのだが、定期券は、その定められた区間・ルート上であれば、途中下車が自由にできる。これは通勤も通学も関係なく、日本の定期券を発行している鉄道会社においていて、例外はない。会社へ通う途上に繁華街があるならば、友達と帰りにちょっと、お茶をしに寄っても差し支えない。先に挙げた例のような定期券を持っているのなら、新宿で一杯飲んで帰ることは日常だろう。それどころか、休日に自宅から新宿に買い物へ出かける時に通勤定期券を使っても、鉄道会社としては何も問題はない。通勤手当を出している会社側はどう思うかわからないけれど、別にそれで定期券代が増えるわけではない。

途中下車ができるどころか、「一定エリア内、一定期間乗り降り自由」という、一日乗車券の定期券版のようなきっぷを出している会社もある。ＪＲ東日本が発売している「山手線内均一定期券」が代表例だろう。東京山手線内と中央本線の御茶ノ水〜千駄ケ谷間の各駅が１カ月間乗り降り自由で１万４４９０円。通勤だけではなく、営業などで都内を回る人などに向けた定期券だ。

リモートワークが普及し、以前と比べて通勤ラッシュは軽減されている。だが、同じ区間を毎日行ったり来たりするのは、時に苦痛になりはしないか。私も会社勤め時代はそうだった。そこで「途中下車自由」の利点をフルに活かし、こういう時でもないと降りることがない、通勤経路上の途中駅にふらりと降りてみてはどうだろうか。「おいしいコーヒー店を探す」「埋もれた町の歴史を知る」など、何でもいい。それこそ、自分の趣味に合わせてテーマを絞って、探してみると何か発見があるはず。旅先の途中下車と同じことだ。

この章では、東京、大阪、名古屋の都市圏で、こういうテーマの「旅」ができるというアイデアを紹介していこう。いずれも定期券を持っている人が多いであろう路線においてできる、途中下車のすすめだ。

## 関東編：懐かしい特撮のワンシーン～小田急小田原線

60歳代以下の人、特に男性で「特撮」番組を見たことがない人は、たぶんいないだろう。三大特撮シリーズと言われ、三世代にわたって親しまれているのが「ウルトラマン」「仮面ライダー」「戦隊」だ。いずれも１９６０～70年代に始まり、２０２０年の今日においても最新作が放映され続けている。私は、幼稚園だった頃に放映されていた「帰ってきたウルトラマン」（１９７１～72年）を見て以来の、ウルトラマン派だ。

ウルトラシリーズを製作していた円谷プロダクションは、２００５年に移転するまで、世田谷区砧《きぬた》にあった。そのためロケも世田谷区やその周辺で数多く行われ、当時の町の姿がしばしば写し出される。

鉄道もかなりの回数、登場した。中でも目立っていたのが、やはり同社の最寄り路線だった小田急電鉄だ。

日本初の特撮テレビシリーズであった「ウルトラQ」（１９６６年）が放送されてから54年。町や鉄道は激変したが、その名残が今でも感じられるところはある。ＤＶＤなどの

向ヶ丘遊園駅付近を走る小田急小田原線

映像ソフトやネット配信などで、ウルトラシリーズは比較的容易に見ることができる。小田急小田原線の新宿～向ヶ丘遊園間を含む定期券を持っているのなら、いつもの快速急行ではなく、各停に乗って降りてみて、ロケ当時の様子と現代とを比べてみると面白いだろう。「近未来の物語」であったウルトラシリーズだが、フィルムに写し取られているのは、懐かしい昭和の風景だ。

## ■メトロン星人が自動販売機を仕掛けた駅

「ウルトラセブン」（１９６７～68年）の第８話「狙われた街」（１９６７年11月19日放送）には、周りがすべて敵に見えてしまう幻覚剤入りのタバコを売る自動販売機を仕掛け、人間同士を殺し合わせて地球を征服しようと計画した、メトロン星

向ヶ丘遊園駅南口

人が登場する。この狡猾な宇宙人が、硬貨を入れて棒を引くとタバコが落ちてくる懐かしいタイプの販売機を置いたのが、向ヶ丘遊園駅の南口。現在は横浜銀行のＡＴＭがあるあたりだ。駅前広場から駅舎へ入るところに２段の階段があるところは今も同じなので、すぐにわかるだろう。最近まで存在していた商店も写っている。

　向ヶ丘遊園駅南口の駅舎は２０１９年に改装され、レトロ風の落ち着いた駅になっているが、高架化などはされず、基本的な構造は放送当時から変わっていない。１９２７年に開園した遊園地「向ヶ丘遊園」への玄関口として同時に開業した歴史を持ち、「ウルトラセブン」のロケが行われた当時は、駅舎にも華やかな装飾が施されていた。しかし向ヶ丘遊園は２００２年に閉園。以後は静かな住宅地の玄関口の駅として機能している。

カーチェイスシーンも、南口の駅前広場に通じる道路で撮影されている。１９６６年に駅と向ヶ丘遊園の間に開業したモノレールの支柱が林立しており、そこの間を縫って、２台の車が駆け抜けるのだ。モノレールは２００１年に廃止され、現在、モニュメントを残して設備はすべて撤去。向ヶ丘遊園駅跡は、「川崎市　藤子・Ｆ・不二雄ミュージアム」の敷地の一部となっている。向ヶ丘遊園駅前では、道路の真ん中にある自転車置き場がモノレール乗り場の跡で、さほど広くない道だが、中央分離帯のように緑地がそこから続いているので、当時をしのべる。カメラが置かれた場所も想像できる。しかし今は車や人の流れが大きく増え、あの頃のような撮影はもう無理と察せられよう。

## ■救いのない問題作の唯一の救い

特撮は時に、汚い現実を描く作品を放送することがある。架空の話であるからこそ、「こういう世界にしてはいけない」と子供に思ってほしいとの願いからだ。そういう作品が「問題作」と呼ばれ、後世に語り継がれている。

１９７１年11月19日に放送された「帰ってきたウルトラマン」の第33話「怪獣使いと少

祖師ヶ谷大蔵の線路脇の道

年」こそ、救いが一切ない、ウルトラシリーズ最大の問題作であると言われる。平和目的で地球を訪れた善良なメイツ星人は「宇宙人である」という理由だけで壮絶な差別を受け、最後は理由なく市民に虐殺される。一緒に暮らしていた地球人の孤児、良少年は絶望し、埋められていた円盤を掘り出して、メイツ星へ行こうとする。市民の身勝手さは郷秀樹＝ウルトラマンジャックすら呆れさせ、メイツ星人が封じ込めていた怪獣ムルチが暴れ出しても、最初は傍観しているだけだった。

　宇宙人扱いされ、誰からも差別されていた良少年を唯一、温かく迎え入れたのが、駅前のパン屋のお姉さんだった。ロケが行われた店は祖師ヶ谷大蔵駅近く。すっかり様相が変わってしまったが、現在はスーパー「Ｏｄａｋｙｕ　ＯＸ」などが建っている位置にあったと言われている。

また、パンを売ってもらい、雨の中、ボロボロの傘を差して笑顔で去ってゆく道は、まだ地上だった小田急の線路沿い。祖師ヶ谷大蔵駅の成城学園前側だ。形式を特定するのは難しいが、１９６９年頃からケープアイボリーにロイヤルブルーの帯に替わった、小田急の電車も背後を通り過ぎる。高架複々線化事業により当時の道筋から位置がずれてしまったが、ロケ当時から営業している質店があるので、熱心なファンによって場所が特定されている。

祖師ヶ谷大蔵は円谷プロダクションの最寄り駅。「ウルトラマン発祥の地」と呼ばれ、高架のホームからコンコースへ降りると、ウルトラ兄弟が出迎えてくれる。２００６年には、小田急電鉄では初めての列車接近メロディが流れ始めた。上りホームが「ウルトラマンの歌」、下りホームが「ウルトラセブンの歌」で、ぜひ聴きたい。いずれもオルゴール調にアレンジされている。

駅前商店街は２００５年からウルトラマン商店街と名乗り、街づくりを図っている。駅前にはウルトラマン像が立ち、商店街の街路灯はウルトラマンをモチーフとして、怪獣や宇宙人のシルエットを描いたタペストリーも吊り下げられている。それだけではなく、ウルトラマンにちなんだモニュメントは、町のあちらこちらにある。まさにウルトラの聖地。ここで途中下車して町を歩けば、童心に帰ることができるだろう。

## ■カネゴンが走った商店街は今

下北沢は、渋谷と並んで「若者の街」と呼ばれる。それはおおむね間違いなく、休日ともなると若い男女でにぎわう。ただ私は、昭和の末、大垣〜東京間に走っていた夜行普通列車に乗って、当時、ブームとなっていた小劇場の演劇を見に通っていたこともあってか、50歳を超えた今でも、渋谷に対して抱く抵抗感は下北沢には持ってない。むしろ、時間があったら毎週でも通いたいところなのだ。渋谷や新宿などと違って、大資本が主導して町づくりを行っているのではなく、小劇場やライブハウスを中心に地元の商店街や中小の飲食店、各種商店が集まり、なかば自然発生的に、個性を持った「街」が形成されているせいだろう。ホッとするような安心感がある。

もし、小田急小田原線や京王井の頭線の定期券を持っていて、まだ下北沢で降りたことがないのなら、ぜひ機会を見つけて途中下車し、町を一周してほしい。老若男女関係なく、心に響く店やスポットが見つかるはずだ。

地下化された小田急下北沢駅

それだけ、この町は多種多様。飲み屋一つとっても、若者向けの現代風の店もあれば、年配者でも落ち着けるバー、パブ、居酒屋もたくさんある。最近、多くなったなと思うのが古着屋。年齢は忘れ、思い切って入って、おしゃれをしてはどうだろうか。

もちろん劇場にも行ってほしい。１９８０年代の小劇場ブームの頃は難解な舞台が多かったが、最近の作品は、その頃と比べて「親切」になった印象がある。わかりやすく心に響く作品が、下北沢では数多く上演されている。敷居は決して高くないはず。

どれを見ればいいかわからなければ、自分の勘を信じるか。もしくは「本多劇場」「ザ・スズナリ」などという劇場名で検索してみて、もし知っている俳優が出演している舞台があれば、飛び込んでみるのもいいだろう。テレビや映画で見かける名前が、けっこう演劇のポスターにも書かれているものだ。

小田急電鉄の下北沢駅は、代々木上原〜登戸間の連続立体交差化、複々線化事業により、2013年3月に地下化された。2018年3月には複々線化が完成し、現在は地下1階が主に各停乗り場、地下2階が快速急行・急行の乗り場となっている。地上時代の狭苦しく人があふれていたホームが、今となっては懐かしい。通過する特急ロマンスカーの運転士も相当、緊張しただろうが、こちらも下車してから、改札口にたどり着くまでが一苦労だった。京王井の頭線との乗り換え通路も難解だった。今は大きく変わりすぎて、かえって「わからなくなった」という声が、私の周囲でもよく聞かれる。

線路跡は現在、再開発事業が進捗中。下北沢の町の雰囲気に合った開発が望まれるところだ。そのため、印象的だった小田急の踏切もなくなってしまったが、痕跡は今ならわかるはずだ。

当然のように、下北沢も特撮のロケ地になった。

「ウルトラQ」は、それまで「ゴジラ」など映画の世界だけで暴れていた怪獣が、家庭のテレビでも見られるようになった、画期的な作品だった。「ウルトラマン」以降の、ヒー

現在の下北沢一番街

ローVS悪の怪獣というシンプルな図式ではなく、日常の中に起こる怪奇現象の一つとして怪獣も描かれた。そのため、超能力を持つ正義の味方は登場せず、あくまで生身の人間が必死に対応に当たっていた。

　印象的な怪獣として、お金の亡者である金男少年が変身してしまったカネゴンがいる。第15話「カネゴンの繭」（１９６６年４月10日放送）に登場する、拝金主義を風刺した人間大の怪獣だ。

　カネゴンは硬貨とお札が主食というとんでもない怪獣で、がま口を模した口から、むさぼるように食べる。最後はとうとう銀行を襲い、お金をたらふく食べてしまう。

　そして、商店街を逃げるシーンが登場するが、これが撮影されたのが、現在の下北沢一番街商店街だ。小田急下北沢駅から新宿側へ数えて3番目。茶沢通りと線路が交差する地点にあった踏切を挟んで、南側から撮影されている。モノクロの番組だが、小田急の旧塗色である、ダークブルーとオレンジイエローのツートンカラーをまとった電車も画面を横切る。「帰ってきたウルトラマン」の製作時期との間に、小田急のイメージも変わっていったのだった。

ロケが行われたのはもう50年以上も前だ。放送当時に営業していた商店街の店は、ほとんど別の店に変わってしまっており、今は旧踏切脇に商店街名が入ったゲートも建てられている。何より、小田急の線路が消えてしまった。ロケ地を特定できそうな要素は、正面から見て右奥の方に、少しカーブしつつ上り坂になっている道路と、電柱が立っている位置ぐらいかもしれない。今は、買い物客で賑わう商店街で、人気番組のロケを行うことはなかなか困難だろう。画面には、たまたま撮影に出くわし、カネゴンを怪訝に見つめている通行人がたくさん写っている。おおらかな時代であった。

**■シルバーブルーメ、新宿に来襲!**

1974~75年に放送された「ウルトラマンレオ」は、第一次オイルショック(1973年)に見舞われた直後の暗い世相を反映してか、前作「ウルトラマンタロウ」が明るいファミリー向け作品となったのに対してハードな作風となり、マグマ星人に故郷の星を滅ぼされた主人公のおゝとりゲン＝ウルトラマンレオの、過酷な戦いと運命が描かれた。

もっとも衝撃的な作品は、1975年1月10日放送の「恐怖の円盤生物シリーズ！　MAC全滅！　円盤は生物だった！」だろう。タイトルですでに内容が察せられるが、宇宙人と戦ってきた宇宙パトロール隊MACの宇宙ステーションが、円盤生物シルバーブルーメに奇襲され、おゝとりゲン一人を残して、モロボシ・ダン隊長以下の隊員が全員殉職してしまうという、ウルトラシリーズでは、後にも先にもない展開の物語であった。大人になってから知った話だが、オイルショック後の不況により製作費が大幅にカットされてしまい、出演者のギャラが払えず、基地のセットも使えなくなったため、やむなくMACを「退場」させたそうだ。まさに大人の事情で、乱暴な話かもしれないが、インパクトを残した作品になったことは確かだ。おかげで後世、モロボシ・ダン＝ウルトラセブンを再登場させる時の設定に苦労することになるのだが。

シルバーブルーメはMAC基地を飲み込んで隊員を全滅させた後、地球を襲う。クラゲのような姿を現した場所は、新宿。そこでもデパートを押しつぶし、居合わせたゲンの恋人や友人を皆殺しにしてしまう凶悪ぶりを発揮する。

JR東京総合病院前から見た新宿1号踏切

新宿に出現した時、シルバーブルーメが降下する遠景に対し、近景となっていたのが、小田急電鉄だった。画面を青帯の通勤型電車が通る。

小田急の電車は新宿駅を出発すると、地上ホームからの線路と地下ホームからの線路が、地上でいったん複々線のような形となって右へカーブし、南新宿駅の手前で合流して複線になる。このような２階建て構造になったのは、１９６４年だ。

この合流前のカーブのところに、新宿１号踏切がある。現在も変わっておらず、東京都道４１４号四谷角筈線と交差している。ラッシュアワーには頻繁に発着する電車のため「開かずの踏切」と、ありがたくないあだ名もついた。この踏切と周辺がしっかり、シルバーブルーメの前に写っているのだった。当然、円盤生物は映像合成で処理されているが、画面右手に写っている段差がついたビルなどは、現在もそのまま建っている。

カメラは現在のＪＲ東京総合病院（当時の中央鉄道病院）の前あたりに据え付けられていたようだ。人通りの多いところだが歩道は広めで、同じアングルからゆっくり見ることができる。

なお、この場所にいちばん近い鉄道駅は、都営大江戸線の新宿駅もしくは、ＪＲ・都営地下鉄の代々木駅。小田急だと南新宿から歩くのも面白い。元の小田急本社だった古風な建物（現在の小田急南新宿ビル）を眺めながら歩くことになる。小田急の新宿駅からだと、実は少し距離があり、新宿ターミナル駅の巨大さを感じることもできる。ＪＲ新宿駅は新南改札が最寄りとなる。いずれにしろ、小田急の定期券利用客でなくても、簡単に訪れることができるのだ。

おそらくＭＡＣ全滅というニュースがテレビで流れた直後、高層ビルが今ほどない新宿で、広い空を降りてくる謎の物体があったとしたら、人々の目にどう映っただろうか。そんなことを現地で想像してみるのも楽しい、もしくは恐ろしいかもしれない。

## ■小田急だけではない、特撮の「聖地」

もちろん、円谷プロダクションは無数と言ってよいほど、多くの特撮作品を製作している。小田急沿線以外でも鉄道にゆかりがある土地でロケが行われたり、鉄道沿線にそっくりなミニチュアセットが組まれて、怪獣に蹂躙された。

日本の怪獣映画の元祖である「ゴジラ」（１９５４年）では、さっそく鉄道が破壊されている。

東京湾の地形から言えば、海底の谷間を縫うように奥へと進んでいくと、品川に上陸するのは自然と聞いたことがある。初代ゴジラも品川に現れた。現地の案内図でも、「ゴジラ上陸地点」がイラストで案内されている。最寄り駅は京急の北品川だが、品川駅からも徒歩圏内にある。

そして、まず真っ先に襲ったのが東海道本線の上にかかる八ツ山橋だ。トラス橋を引きちぎり、ちょうどやってきたＥＦ58形電気機関車牽引の列車を蹴散らす。この機関車の走行シーンは、神田須田町の万世橋駅跡にあった交通博物館の模型を借り出して撮影されたとか。その模型は、大宮の鉄道博物館に移されて現存している。

ただ、当時の道路の八ツ山陸橋はアーチ橋だった。トラス橋ではない。トラス橋だったた

京急八ツ山橋梁

のは、並行してかかっている京浜急行電鉄の「八ツ山橋梁」の方だ。映画の公開当時は、東京タワーはまだ完成前。東京を象徴する建物としては国会議事堂などが描かれているが、破壊第一号の栄誉？　は、京急に与えられるべきだろう。

八ツ山橋梁は品川を発車した京急の電車がまず左、そして右へと急カーブを切って北品川へと進む途中にある。橋梁が完成し、供用が開始されたのは１９３３年だ。

川崎側から延伸されてきた現在の京急本線の線路は、いったん八ツ山橋梁の手前でストップ。橋の南詰に、まず初代品川駅が建設されている。そして１９２５年に併用軌道で、官設鉄道品川駅前にあった高輪駅まで乗り入れ、東京市電（当時）と連絡した。

この時、初代品川駅は現在地に移転して北品川に改称された。JRの品川駅は品川区ではなく港区にあり、品川駅の南に北品川駅があると、よく奇妙さを言われる。本来の品川と呼ばれる土地は、北品川駅周辺。品川駅の北側ではなく、東海道の品川宿の北端に位置することから、北品川と名付けられたのだ。

現JR品川駅は1872年に品川〜桜木町間が仮開業して以来の歴史を持つ。現存最古の鉄道駅でもある。ただ、建設当時は品川宿近くに駅用地が確保できなかったのか、北側の海岸線を埋め立てて、駅を設けている。この官設鉄道品川駅と品川宿を結ぶ、旧東海道に代わる道路用としてかけられたのが、八ツ山陸橋だ。日本最古の跨線橋とも言われる。そして、1933年には京急が八ツ山橋南詰から専用の線路と橋梁を設けて、この区間の道路上の併用軌道と高輪駅を廃止。品川駅に直接乗り入れて、品川の南に北品川という状況が生まれた。そして戦後、1954年にゴジラに破壊されたのだ。

2020年4月、京急本線の泉岳寺〜新馬場間の連続立体交差化事業がスタートした。高架構造の品川駅を地上に下ろし、反対に北品川駅を高架化するなどして、踏切を解消する事業。八ツ山橋梁も近い将来、大きく姿を変えるはずだ。ゴジラの暴れぶりをしのぶなら、今のうちだろう。

## ■二子玉川の「坂道」

もう一カ所、個人的な好みからではあるが、東京都世田谷区の、閑静な住宅街に囲まれた、印象的なロケ地を紹介したい。東急田園都市線・大井町線二子玉川駅にほど近い、歩いて10分ほどの場所だ。

「ウルトラマンA」（1972～73年）は、男女合体変身、ウルトラ兄弟の設定の本格導入、レギュラーの悪役（ヤプール）の登場、怪獣を上回る強さを持つ生物兵器・超獣の登場など、それまでの作品にない新機軸が次々に打ち出された、斬新な作品であった。視聴率としては、さほど振るわなかったそうだが、ちょうど小学校に上がったばかりの私の心には深く刺さったのである。

その第13・14話では、ゴルゴタ星におびき出されたウルトラ兄弟がヤプールの罠にかかって十字架に掛けられるというショッキングな場面から始まり、誘い込まれたウルトラマンAも、待ち構えていた超人エースキラーに襲われ、大苦戦する。その隙に地球には超獣バラバが攻め込むという、悪役らしい卑怯な作戦が展開される。聖書に通じた人なら、ちょっとにやりとする名前であり展開であるはずだが、子供が見るストーリーとしては、

二子玉川の坂道から玉川高島屋S・Cを望む

手に汗握るどころか、何度も「もうダメか」と目をつぶったほど危機一髪の連続であった。

第13話「死刑!・ウルトラ5兄弟」(1972年6月30日放送)には、北斗星司・南夕子=ウルトラマンAが、偽のウルトラサインに騙され、変身してゴルゴタ星へと向かうシーンがある。坂道の途中から空を見上げるのだが、遠景に高島屋が一瞬、写る。「玉川高島屋S・C」だ。1969年の開業で、日本で初めての本格的な郊外型ショッピングセンターとして注目を集めた大型店舗である。二子玉川の町は、この店を中心に大きく発展し、ショッピングゾーンとしての地位を確立したと言っていい。

その高島屋が見える角度からすれば、現在、東急田園都市線の列車が二子玉川を発車し、地下区間に入るところの東側に沿った坂道がロケ地だと、すぐ場所は特定できる。渋谷方面行きなら進行方向右側を注視していると、線路に沿ってせり上がってゆく坂がわかる。途中下車しなくても、車窓から見える「聖地」ではある。

ただしウルトラマンAのロケ、及び放送当時、ここには線路はなかった。田園都市線のこの付近のルートは、1969年に廃止された東急玉川線（玉電）の線路敷を再活用したもの。渋谷〜二子玉川間が地下鉄道に大改築され、新玉川線（当時）として開業したのは、1977年なのだ。放送はちょうど建設中の時期に当たるため、残念ながら、電車は写っていない。

## 関西編：大阪環状線に煉瓦積みの歴史あり

大都市には環状鉄道がつきもので、JRの山手線、大阪環状線があり、地下鉄では都営地下鉄大江戸線や名古屋市営地下鉄名城線が、中心部をぐるり一周している。いずれも通勤、通学やビジネスなどに欠かせない鉄道だ。

その成立過程はなかなか複雑だ。山手線は品川〜赤羽間が1885年と早い時期に一気

大阪環状線の323系電車

に開通しているが、現在のような完全な環状運転となったのは１９２５年だ。

大阪環状線はもっと複雑。まず開業したのが天王寺〜今宮間で、１８８９年に湊町（現在のＪＲ難波）〜柏原間の一部として、私鉄の大阪鉄道が建設している。この鉄道は官設鉄道大阪駅への連絡を図って、１８９５年に天王寺〜玉造〜大阪間を開業させた。湊町からまっすぐ北上すれば大阪駅へは近いが、すでに住宅が密集しており、鉄道の建設は不可能。そこで都市の外縁部をたどる、大阪城の東側を通るルートが取られたのだ。当時のこのあたりは完全な農村地帯であった。モモの栽培が盛んな土地であったから、桃谷と駅に名付けたほどである。

大阪鉄道は関西鉄道への吸収合併を経て、１９

07年に国有化。大阪～天王寺間は城東線と命名された。この鉄道は大阪城内に設けられた「大阪陸軍造兵工廠（兵器工場）」への物資輸送などで栄え、沿線は急速に都市化していった。

一方、西側では１８９８年に西成鉄道が大阪～西九条～安治川口間を開業させている。港湾部へとつながる産業路線である。この鉄道も１９０６年には国有化されて、大阪～桜島間の西成線となっている。

城東線、西成線の時代は長く続き、戦後になって、ようやく懸案の環状鉄道建設の機運が盛り上がる。貨物線を含めれば、途切れていたのは境川信号場～西九条間２・６㎞だけ。ただ、途中で渡る安治川は水運の幹線で、大型船を通したい水運業者との軋轢もあって、工事は難航した。今宮～境川信号場間の旅客線化と駅新設工事も終わり、環状の線路が完成したのは、１９６１年。この時は西九条駅構内で線路がつながっておらず、桜島～西九条～大阪～鶴橋～天王寺～西九条間の折り返し運転であったが、西九条駅の全面高架化完成によって完全な環状運転が始まったのは、１９６４年3月22日と、路線の歴史からすれば遅かった。

現在のＪＲ大阪環状線には、大和路線や阪和線などへの直通列車も多く走り、運転系統が複雑になっている。これはこの鉄道の宿命みたいなもので、貨物線や未成に終わった鉄道も含めて、非常に複雑な歴史を経てきたからだ。

そうした歴史の痕跡はほとんどが消えてしまったが、在りし日をしのべる場所はいくつか残っている。特に、煉瓦積みの遺構は、よくぞ今日まで残っていてくれたと思うほど、立派なものがある。「商都」と呼ばれた大阪の勢いは失われてしまったのかもしれないが、かつての繁栄が、大阪環状線を幹とした鉄道の広がりからも想像できる。

ここでは、そうした「鉄道遺跡」を途中下車でめぐってみたい。大阪環状線の駅を降りれば、歩いて数分のところにあるものを中心に集めてみた。

## ■幹線のターミナル駅だった、桜ノ宮

桜ノ宮は、駅名の通り、サクラの名所として知られており、春ともなると大川（旧淀川）沿いへ花見に出かける客で賑わう。しかし、周辺は住宅と中小の事業所が混在している地域で、大阪アメニティパーク（ＯＡＰ）へ向かう通勤客の利用が目立つ程度。大阪環状線の駅としては、比較的、静かなイメージがあるだろう。

しかし、ここは一時期、暫定的であったとはいえ、長距離列車が発着するターミナル駅

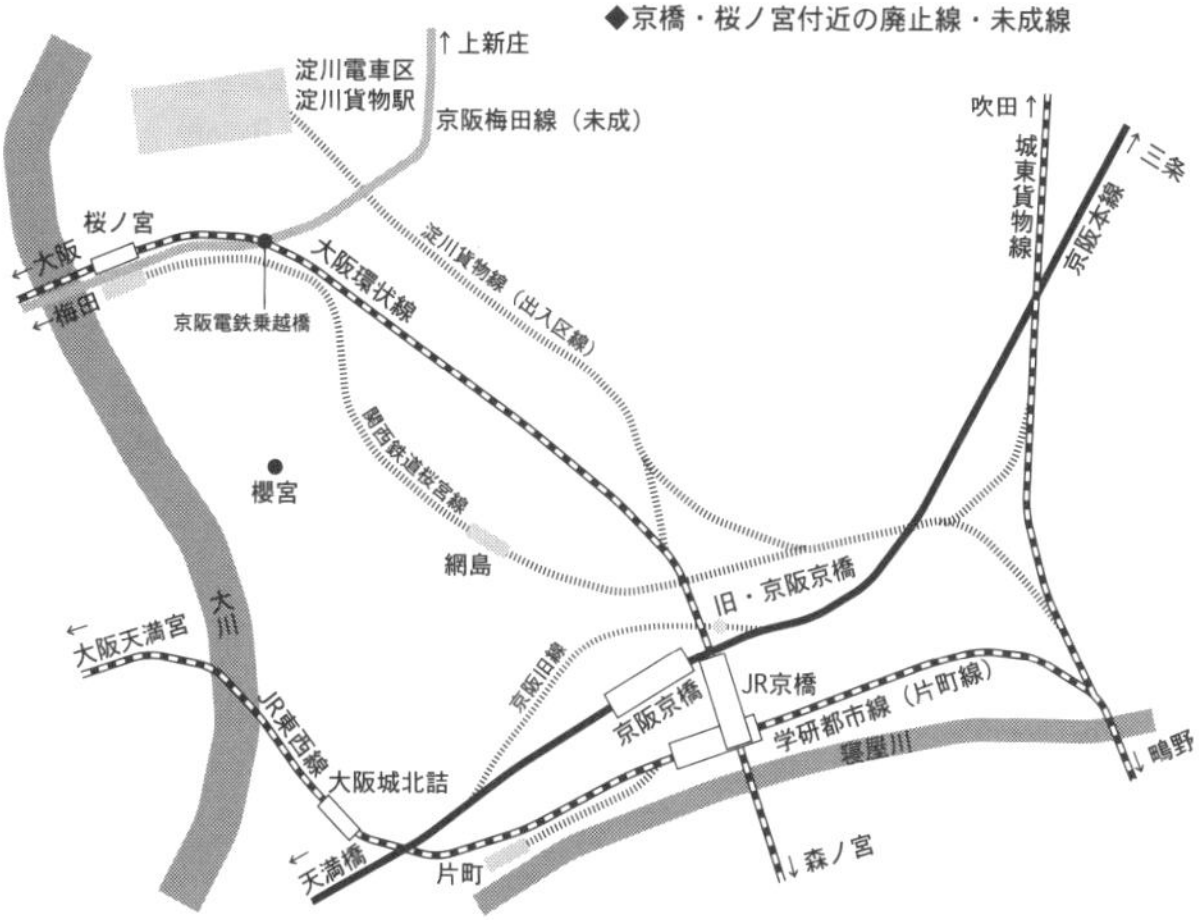

旧桜宮線の煉瓦積み橋台

であった歴史がある。その名残が、今も駅周辺に残っている煉瓦積みの橋台（橋桁を両端で支える台）なのだ。

２００１年頃まで、大阪環状線の線路に沿って、桜ノ宮駅の南側に未利用の細長い敷地があった。その後、再開発され、現在は高層住宅などが建ち並んでいる。東口を出てマンションの前を東へ歩くと、都島中野幼稚園の前に出る。その東側に、煉瓦積みの橋台が３線分、そっくり残っている。

これはいかにも歴史がありそうな立派な橋台で、正直なところ周辺の雰囲気には似合わないような気もする。このうち、南側が「桜宮線」のものとされている。１９０１年から１９１３年の間、わずか12年ほどしか営業しなかった路線であるが、四條畷《しじょうなわて》や奈良方面への列車が、この線を通って桜ノ宮に発着していたのだ。細長い敷地は、桜宮線桜ノ宮駅のホーム跡だ。しかし、廃止後は１００年以上も橋台が放置されている。取り壊されもせず、よくぞ令和まで残っているものだ。

別図をご覧いただければわかるが、桜ノ宮から京橋にかけての一帯は、時代はずれるものの、非常に複雑な路線網が張り巡らされていた土地だ。

まず、現在の学研都市線（片町線）の片町（廃止）〜四條畷間が、私鉄の浪速鉄道の手によって１８９５年に開業した。しかし、この鉄道は名古屋方面からの大阪進出を狙っていた関西鉄道（後の関西本線、大和路線）に目を付けられ、わずか2年後に買収されてしまい、名古屋～片町間が１８９８年には一応の完成を見た。しかし、片町駅は小規模な鉄道のターミナル駅として建設されたため、非常に手狭だった。１９９７年に廃止された時点でもホーム１面、線路２本だけ。京阪京橋駅と大阪ビジネスパークを結ぶ歩道橋の上から西側の廃駅跡を眺めても、長距離列車のターミナルとしては、ふさわしくなさそうとわかる。

そこで関西鉄道は、大阪駅への連絡も図るため、近松門左衛門の人形浄瑠璃「心中天網島」で知られる網島にまずターミナル駅を建設。１８９８年のうちに開業させた。網島駅は、現在の大阪市立東高等学校の位置にあったとされるが、痕跡は残っていない。さらには１８９９年に大阪鉄道を合併し、網島～梅田間の鉄道敷設免許も取得して、１９０１年に網島～桜ノ宮間を延伸開業させたのであった。煉瓦積みの橋台は、この時に建設されたのである。

しかし、大阪鉄道の路線を手に入れてしまうと、繁華街に近い湊町の方がよりターミナルにはふさわしく、網島や桜ノ宮は結局、第2、第3ターミナルの地位に甘んじたので

城東線旧線の煉瓦積み橋台

あった。そして、国有化後、それまで駅がなかった片町線と城東線の交差部分に、京橋駅が1913年に開業すると、桜宮線は使命を失い、あっけなく廃止されてしまった。戦後すぐの時期の航空写真を見ると線路の跡地はまだよく残っていたが、区画整理が行われた現代では痕跡は消え失せている。

## ■まだまだ桜ノ宮に残る「謎」

桜ノ宮は鉄道の遺構の宝庫で、まだまだ見るべきものがある。先に紹介した桜宮線の橋台と並んでいるのが、地平時代の城東線のもの。同じく桜ノ宮駅のすぐ西側に、大川を挟むような形でも、煉瓦積みの橋台が残っている。川の中をよく見ると、橋脚を撤去した跡

京阪電鉄乗越橋

もわかる。これも古い航空写真を見ると、高架化の後も、元の線路や大川を渡るトラス橋が写っている。

城東線は都市化に応じるため、早くに高架化が進捗した。桜ノ宮～大阪間が高架となったのは、１９３３年。残っている橋台は、それ以前に使われていたものだ。そちらも、90年近く放置されている。

桜宮線の橋台跡の少し西、細い道が大阪環状線をくぐるところには、鉄筋コンクリート製の高架橋ではなく、まるで川を渡るかのような鋼鉄製の橋桁がかかっている。橋の名前は「京阪電鉄乗越橋」だ。

橋の下には今、商店が建っているが、かつて、ここを京阪電気鉄道の新線が通る予定があったのだ。桜ノ宮駅旧ホーム跡地や、旧大川橋梁が残されていたのも、京阪の計画と大いに関係がある。

京阪は淀川左岸の現・京阪本線に対し、淀川右岸に高速電気鉄道を建設する構想を、大正の中頃から持っていた。後に京阪の子会社の新京阪鉄道、現在の阪急京都本線となる計画だが、その起点は梅田が想定されていたのだ。この新線は、城東線が高架化されると同時に天神橋筋六丁目方面へ線路を移設する計画に基づいていた。つまり、城東線の跡地を譲り受けて、梅田〜上新庄間を建設するつもりであった。

しかし、城東線の移設計画は中止。現状のルートのまま高架化する計画に変更され、京阪の計画は頓挫する。1925年から順次、開業していった新京阪鉄道は、結局、天神橋筋六丁目に天神橋駅を構え、大阪市電と連絡してターミナルの機能を果たす。現在の阪急・OsakaMetro天神橋筋六丁目駅である。

けれども、京阪はそれでも梅田乗り入れをあきらめなかった。城東線の旧線を利用して「京阪梅田線」を実現させるためには、桜ノ宮で、高架となる城東線と交差しなければならない。そこで、費用を負担して、あらかじめ京阪電鉄乗越橋を建設。下をくぐれるようにしたのであった。先行投資である。

ただ、京阪の計画は、経営状況の悪化によって1932年になり、最終的に中止が決まる。跡に残った乗越橋だけが、21世紀まで京阪の夢を語り継いでいるが、この下を電車が走ることはもうない。

## ■淀川電車区へ通じていた廃線跡

京橋〜桜ノ宮間は、大阪環状線では弁天町〜大正間と並んで、いちばん駅間距離が長く、1・8㎞ある。それでも歩けなくはない距離であるし、鉄道史上の見どころは非常に多いから、途中下車したら、この駅間を散歩するのがいいだろう。

桜ノ宮駅から北へ歩くと、高層住宅が建ち並ぶ桜宮リバーシティや、大阪市立総合医療センターなどがある一角に出る。Osaka Metro谷町線の都島駅からも近いので、そちらから歩いてもよい。

ここの広大な敷地には1985年まで淀川電車区があり、学研都市線（片町線）用の電車が配置されていた。隣接して、貨物専用駅の淀川駅（1982年廃止）もあった。廃止後、再開発が行われたため痕跡は消え失せたが、電車の出入区と貨物列車の出入りのための線路の跡は明瞭に残っており、空き地のまま、都島消防署付近から大阪環状線の北東を

淀川連絡線遊歩道跡の碑文

並行している。

淀川貨物駅は１９２７年に開業。淀川電車区は、片町線と城東線の電化により、電車の車両基地として１９３２年に開設された。その頃は、片町線や城東線にも貨物列車が走っており、さらに城東貨物線（現在のおおさか東線）を経由して、吹田操車場にも線路がつながっていた。それゆえ、出入区線は、各線へと直通できるような線形になっていた。まず城東線（大阪環状線）へは、京橋駅の北側で接続。今も線路の一部は、保線用機械の置場として残っており、築堤の途中で分岐していた様子がうかがえる。地上から眺めると、鉄筋コンクリート製の橋台も残っている。

片町線、城東貨物線へ通じていた線路の跡は、

淀川連絡線跡と京阪の交差地点

遊歩道として整備されている。大阪環状線への連絡線の分岐点は、都島南通郵便局の裏手付近だ。この遊歩道は途中、商店街を横切る。ここには踏切があり、晩年まで時々、電車が通過していた。そして国道１号に寄り添い、小公園風のしつらえになっているところを過ぎると、京阪本線をくぐる。そのあたりで南北に分岐、おおさか東線にそれぞれ合流する。南へ、鴫野《しぎの》方面へと通じていた線路は、桜宮線の廃線跡を再活用したものだ。

京橋付近では、複々線化によって廃線となった京阪本線の旧線跡も道路としてはっきり残っている。コマーシャルソングで有名なレジャービル、グランシャトーの北側が旧京橋駅跡で、西へ大阪環状線をくぐる道路が廃線跡。道幅が道路として中途半端で、車道は車1台分だけなのに、余ったスペースが歩道になっている。複線の線路が敷かれていた幅のまま、改築した結果だ。

## ■玉造駅と猫間信号場が果たした役割

京橋で途中下車した時は、庶民的な商店街を散策し、気になった店へぶらりと入るといい。安くて美味しい、大阪の味が堪能できる。廃線跡遊歩道から、さらに寄り道したくなるだろう。

築堤上にある京橋駅を大阪環状線の外回り電車が出ると、学研都市線の上をまたぎ、すぐ寝屋川を渡る。線路と川に挟まれた、この狭いエリアに京橋駅の南口があるが、その脇に慰霊碑が建っている。太平洋戦争の終戦前日にここで大型爆弾が炸裂、片町線ホームにいた多くの人が犠牲となった。今も毎年8月14日には慰霊祭が行われている。ぜひ手を合わせてほしい場所だ。

京橋の次が、大阪城公園。森ノ宮の手前までは、大阪環状線としては珍しく地平を走る。東側には現在の車両基地である吹田総合車両所森ノ宮支所があり、やはり地平にあるから出入りはスムーズだ。大阪城公園駅の外回りホームからは、基地に停まっている数々の電車が見えるから、鉄道好きにとっては楽しい。

しかし、先に述べた通り、城東線の高架化が進められたのは昭和初期の1920～30年代。その時代の電車の基地は淀川電車区で、現在の車両基地が開設されたのは1960年だ。つまり、車両基地があるから地平で残されているのではなく、この区間が地平で残されていたことを利用して車両基地を設けたという順番の方が正しい。

地平で残された理由は、貨物列車の出入りがあったから。貨車の送り込み先は、大阪城内にあった大阪陸軍造兵工廠だ。吹田総合車両所森ノ宮支所も、この兵器工場の敷地の一部を利用して建設されている。城東線は工廠の中を貫通する形になっており、秘密保持のため、見下ろされないよう高架にしなかったという説もある。しかし、非力な当時の蒸気機関車にとって、重い貨車を牽いて高架線へと上り下りするのは辛い仕事。そちらの方が優先的に考えられたとも思われる。

大阪陸軍造兵工廠への引き込み線が分岐していたのが、猫間信号場だ。森ノ宮駅から北へ、線路が地平へ降りきったところに、分岐するポイントと保線機械の置場があるが、それが信号場跡だ。兵器の原材料などを積んだ貨物列車は、淀川貨物駅を出発。京橋を通過して、猫間信号場で城東線から分かれ、いったん南下して玉造駅の貨物扱い所に着いた。

玉造貨物駅跡に建設された「ビエラ玉造」

そこで折り返して再び森ノ宮へ至り、こんどは真っ直ぐ進んで工廠の中へと入っていた。完成した兵器はこの逆ルートを通って全国へ、戦場へと運ばれた。ちょっと不思議な形をした信号場跡の線路には、そのような意味がある。平和で、散策には最適な大阪城公園にも、そんな歴史がある。

なお、猫間信号場～玉造間の貨物線は、城東線の高架線の内側に沿って、地平を単線で通っていた。玉造駅の周囲は道路が少しふくらんだ形になっているが、そこが貨物扱所の跡だ。電車の形をしたビルと話題になった「ビエラ玉造」や変電所があり、ＪＲ西日本の所有地になっているのが、その証拠。玉造駅の貨物扱い自体は戦後も続けられ、大阪市内の物流拠点の一つになっていた。廃止されて旅客専用駅になったのは1961年。それまでは、淀川貨物駅を経由して、貨物列車が玉造まで入ってきていた。以前、私が訪れた時は、ホームからよく見える位置に、物流会社の広告看板が掲げられていた。それも、貨物扱所があった名残と言えるかもしれない。

## ■二つの川を渡る橋梁

大阪環状線は、その成立の過程の違いや、大阪市そのものの都市構造により、東側の旧城東線区間（大阪〜鶴橋〜天王寺間）と、西側の旧西成線などの区間（大阪〜西九条〜天王寺間）とでは、路線の性格や沿線の雰囲気が大きく違う。東側には、京阪や近鉄など大手私鉄の路線が乗り入れ、接続駅の京橋や鶴橋の周辺には繁華街が形成されている。天満、京橋、玉造、鶴橋、桃谷といったところは、言わば商店街に直結した駅。改札口を出たとたんに賑やかな町があり、多くの飲食店や商店がひしめき合う。ちょっと一杯、飲みに行くにはよい町が連なっている。ふらりと降りて、ぶらぶらするだけでも楽しい。鶴橋はコリアタウンとして知られ、駅のホームにまで焼き肉の匂いが漂う。

それに対し、通勤目的地でもない限り、西側の区間の駅で途中下車した経験がある人は少ないのではなかろうか。大まかに言って、もともとは臨海部の工業地帯だ。通勤客は多いものの、日中や休日には閑散としてしまう駅が多い。芦原橋など快速が停車しない駅は、運転間隔が15分間隔にまで開く時間帯があるほど。ラッシュ時以外の需要の少なさを表している。著名な繁華街などもない。

だが、そんな駅で途中下車してみれば、著名ではない分、それこそ自分にとって新しい発見があるかもしれない。途中下車のしがいがあるエリアでもあるだろう。

大阪市内にはかつて、水路が網の目のように張り巡らされており、橋が多かったことから、水都、八百八橋などと呼ばれた。淀屋橋、心斎橋、長堀橋といった、橋がつく地名、駅名は多い。そうした水路には無数の船が走りまわり、活気ある物資の輸送を行っていた。今でも水運、海運は大阪の物流を支えている。大阪環状線の西側は木津川、尻無川、安治川と次々に橋梁を渡るから、その片鱗がうかがえる。

橋がつく駅名と言えば、芦原橋もその一つ。だが、今は近くには川や水路は見当たらない。芦原橋とは、かつて浪速区内を東西に流れていた鼬川《いたちがわ》にかかっていた橋の名前から取られた。この川は、四天王寺建立の際、木材を運ぶために掘削されたとされる。その時、イタチが掘り進んだから鼬川になったという言い伝えも残っている。

鼬川の跡地にかかる橋梁

順番から言えば、大阪市電の芦原橋停留所がまずあり、そこへ国鉄の駅もできたのだ。駅の開業は１９６６年だが、鼬川は１９５４年までには埋め立てられており、橋の方が先に実態を失っていた。

鼬川の痕跡は、大阪環状線の高架線そのものから察せられる。芦原橋駅北口を出て、大正の方へ少し歩くと高架下に自転車置き場がある。ここの線路の構造が、京阪乗越橋と同じように高架橋ではなく、橋梁になっているのだ。鼬川はここを流れていた。芦原橋駅をはさむ天王寺〜西九条間の開業は１９６１年なので、人を乗せた電車が走り始めた頃にはもう川はなかったはず。ただ、今宮〜大阪港間の貨物線は１９２８年にはすでに開業して

木津川橋梁

おり、その一部が大阪環状線に転用されているから、この橋梁は貨物列車が川を越えるためにかけられたのであった。

なお、この橋梁からまっすぐ東へ向かうと、日本橋の電気街を通りぬけ、行き着く先は夕陽丘の愛染堂の裏手あたり。上町台地を越えると、確かにそこは四天王寺の門前だ。

一方、大正駅の東側で渡る木津川橋梁は、電車の高さよりはるかに高い、堂々たるトラス橋だ。ダブルワーレントラスと呼ばれる方式で、大正区の名物の一つである。電車で渡るだけではもったいないので、近くの道路橋から見物してみたい。

この橋も、大阪環状線として建設されたのではなく、やはり今宮～大阪港間の貨物線の橋梁として１９２８年にかけられた。最初から複線用として建設されたので旅客列車を走らせるに当たっても、電化以外、特に手直しは必要なかった。

これだけ立派な橋になった理由は、川の中に橋脚を建てるわけにはいかなかったから。木津川は水運の最重要ルートの一つであり、今でも船の往来が盛んだ。橋脚が立っていると大型船が通れなくなるなど、差し障りが大きすぎる。そこで一気に川を渡り、線路を支えるために、大型のトラス橋がかけられた次第だ。

ただ、遠景として見るなら木津川橋梁の方が見栄えがするが、細部を観察したいのなら、大正駅の西側にある尻無川橋梁の方がいい。同じ構造をしており、道路橋がすぐ横にかかっている。どちらも駅から近いから、両方見るといい。

## ■大阪環状線と縁が深い貨物線の跡

東京の山手線には並行して山手貨物線がある。今や、埼京線や湘南新宿ラインの電車が走るルートという認識の方が強いだろう。

山手貨物線ほどではないが、大阪環状線にもかつては貨物列車が２００４年まで走っていた。大正あたりで目撃した人もいるかもしれない。大正から弁天町へと走る電車の車窓

大阪港への貨物支線跡

を眺めていると、途中で線路が立体交差していた跡が見つかる。そこが境川信号場の跡だ。先述した通り、1928年に大阪港まで通じた貨物線は、今宮からここまでが大阪環状線へと改築され、電車と貨物列車が同じ線路を共用する形になった。今は草むした廃線跡となっているが、やはり橋台などが残っている。この地点への最寄駅は弁天町で、少し距離があるが歩ける距離だ。

貨物線はこの先、臨海工業地帯に入って浪速貨物駅を経て、現在の「海遊館」に近いところにあった大阪港貨物駅などにまで通じていた。しかし、最後に残っていた浪速貨物駅までの貨物列車の運転は2004年に休止。2006年には、境川信号場〜浪速間を最後に正式に廃止

大阪市場への貨物支線跡

となっている、橋桁が残っているところなどもあるが、工業地帯の中であり。自家用車などの交通手段がないと、歩いて回るには辛い。
　もし、廃線跡を散歩したいなら、野田で降りた方がいい。
　野田駅の北側には、高架上に意味ありげな線路一本分の空き地がある。途中下車して一般道から眺めて跡をたどってみると、大阪環状線の高架の下に回り込むように坂を下りてくる。さらに少し進むと、首藤病院というやや大きな病院があるが、その向かい側では大阪環状線がやはり橋梁構造になっている。先ほどの空き地は、もう廃線跡であることは確定だが、ここにつながっている。野田から大阪市中央卸売市場本場へとつながる、貨物支線の跡だ。

廃線跡は、その先、ほとんどが遊歩道として整備されているからたどりやすい。発見の面白みはないかもしれないが、ぐるりと向きを変えて、卸売市場へと入っていた当時の様子は簡単に想像できる。この線路を、漁港から直行してきた鮮魚列車などが、入換用のディーゼル機関車に牽引されて、しずしずと走っていたのだ。野田駅から市場までは、歩いて15分ほど。なお、この支線の開業は1931年。廃止は1984年だ。

大阪市中央卸売市場本場は、東京の豊洲市場に次いで、取扱高では日本第2位の市場だ。もちろん、市場内や周囲には、安くて新鮮な魚介類を使った寿司などを食べさせてくれる店が集まっている。しかも、築地の場外市場ほどには観光地化していない。意外な穴場と言えるだろう。廃線跡めぐりの後は、グルメを楽しみたい。

お腹が満たされれば、野田に戻るのもいいが、先に進むのもいい。京阪中之島線の中之島駅や、Ｏｓａｋａ Ｍｅｔｒｏの阿波座駅も歩ける距離にある。一見、関係なさそうな、接続していない駅同士であっても、徒歩やバスなど他の交通機関でたどりつけるケースは多い。そういう区間をつないで旅することを、俗にショートカットなどと呼ぶ。

回り道大好きな途中下車派としては、同じ道を戻るのはつまらない。身近な街で少しでも新しい発見を求めて歩き回ることが、定期券を使った、小さな旅の醍醐味だ。

# 中京編：ミニ路線への寄り道・道草

中京圏最大の路線規模を誇る名鉄線

名古屋鉄道（名鉄）は444・2㎞の路線を持ち、大手私鉄の中では、近畿日本鉄道、東武鉄道に続く、全国第3位。それだけにネットワークは複雑だ。かなり整理が進んだとはいえ、ローカル支線も多く抱え、日頃、名鉄で通勤している人も、乗った覚えがない区間がたくさんあるのではなかろうか。

接続駅で分かれてゆく路線、あるいは、名鉄ではないけれど途中で交差している路線が、どのようなところに向かっているのか気になるかもしれない。だったら、思い切っていつもの電車を降りて、乗り換えてみるといい。往復数百円の投資で、旅の気分が味わえるかもしれない。知らない街角を曲がる感覚で、それまで縁がなかった鉄道に乗ってみるのも、いいものだ。

名古屋周辺には、東京や大阪にはない珍しいシステムを採用した鉄道、あるいは複雑な経緯があって、現在の姿になった鉄道などが存在する。都心部からも大して遠くないので、ちょっとした見学気分、寄り道気分で乗ればいい。全線乗る必要も、ないかもしれない。終点に着いたらすぐ折り返すのではなく、周辺を散歩しようではないか。

## ■朝夕しか走らない路線

名鉄築港線は、常滑線の大江で分かれ東名古屋港までのわずか1駅。全長1・5㎞しかない、目立たない単線の路線だ。臨海工業地帯への通勤が主な利用で、電車も朝夕しか走らない。ラッシュ時間帯には4両編成が15分程度の間隔で運転され、かなり賑わっているが、日中は完全にお休みだ。土休日は運転本数自体が、減ってしまう。

試乗してみるならば、発車時刻を調べてから向かわないと空振りに終わってしまうかもしれない。完全に地元通勤客向けの鉄道である証拠に、名鉄の公式サイトの時刻表を見ると、数少ない列車の一部には臨時列車の印がついており、運転日は大江駅や東名古屋港駅で案内すると書かれている。企業の休日に左右されるためで、運転日も毎日乗る客がわかっ

名鉄築港線の平面交差

ていればよい、それ以前に休みの日には会社に来ないだろう、との考えに基づいているものと察せられる。

実際に乗ってみると、まず始発の大江駅からして変わっている。常滑線の乗り場は特に珍しくもない、急行などと普通が乗り換えられる構造の2面4線式ホーム。しかし、築港線専用の5番線は、留置線を挟んで常滑線と離れている上、中間改札口を通らないとホームへは入れないから、慣れないと少し戸惑う。終点の東名古屋港は無人駅で、ここが同駅の出口代わりになっているのだ。ほぼすべてが通勤定期客である支線だが、東名古屋港までのきっぷを持っている場合は、この大江駅の中間改札口で回収され、終点では自由に外へ出てよい。こうした方式は、東武鉄道の西新井駅における東武大師線乗り場や、阪神電気鉄道の武庫川駅における武庫川線乗り場などにも見られる。短い支線の改札は有人の分岐駅に集約するシステムだ。

発車した電車はゆっくりと左へカーブし、常滑線と分かれて東へ向かう。すぐ幹線道路と並走するが、たった1・5㎞なので、3分で着いてしまう。いちばんの見どころは、東名古屋港駅の少し東側。車窓から見ているとわかりにくいかもしれないので、電車を降りたら歩いて向かうといいが、貨物専用の名古屋臨海鉄道との平面交差（ダイヤモンドクロッシング）があるのだ。このような鉄道同士の交差は今では珍しく、路面電車と一般の鉄道の交差まで範囲を広げても、愛媛県の伊予鉄道の大手町駅、古町駅ぐらいしかない。ぜひ、ここを電車が通過するシーンを見たいところだ。

名古屋臨海鉄道はＪＲ東海道本線と名鉄築港線の双方と線路がつながっており、名鉄の新車が搬入される時は、この平面交差を通って、築港線経由で車両基地へと向かう。言わば、名鉄の車両が「生まれて初めて」通る自社の線路が東名古屋港〜大江間なのである。一方、廃車となった車両は、「最後に」築港線を通って平面交差の北側にある貨物専用の名電築港駅構内に運ばれ、他社へ譲渡されない限り、主にそこで解体される。あまり見たくないシーンかもしれないが、乗り慣れた電車が、リサイクルのためスクラップにされるところが見られるかもしれない。

線路は東名古屋港駅の先にも延びているが、貨物専用。新車搬入の他に、車両を海外へ輸出するときに使われる程度だ。

帰りは、電車があれば乗って大江に戻ってもいいし、１・５㎞だから、歩いても大した距離ではない。周辺は工場やオフィスが集中している、いささか殺風景な臨港地帯で、あまり散歩には適していないが。東名古屋港駅近くには名古屋市営バスの大江町バス停もあり、神宮前や熱田方面へバスで抜けられる。日中にも運転されているので、単なる築港線見物で、乗らなくてもいいと思った時にはこれが使える。

名鉄築港線は１９２４年に開業した古い歴史を持つ。間もなく、１００周年を迎える。１９７０年代までは貨物列車が頻繁に運転されており、その頃の旅客列車は電気機関車が牽引していたほど、貨物中心の路線であった。名古屋方面からの直通列車が運転されていたこともあるが、今は、線内の折り返し運転だけだ。その後も乗車時間がわずかであるがゆえ、築港線専用に旧型電車が回されていた時代もあった。今は、本線と同じ車両が交代で入線している。

## ■愛知県にだけある磁気浮上式鉄道

1991年には、名鉄築港線に並行して高架のリニアモーターカーの実験線が建設され、2004年までテストが行われていた。ここで試験されたHSST方式が実際に営業路線に応用されたのが、愛知高速交通東部丘陵線。愛称「リニモ」だ。最初の1編成は、築港線上の実験線でも試験走行を行っている。

リニモは日本初、そして現在、唯一の磁気浮上式鉄道で、愛知県内の名古屋市営地下鉄東山線と終点、藤が丘駅で接続しており、愛・地球博記念公園を経て、愛知環状鉄道の八草までを結んでいる。開業は2005年だ。「愛・地球博」の時、乗車したことがあるかもしれないが、珍しい交通機関の一つとして、お試しに日常の姿を見てみるのも面白いだろう。

なお、磁気浮上式鉄道とリニアモーターカーは、別物だ。

磁気により線路から浮いて走行抵抗をなくし、車輪による騒音や振動を防いだものが、磁気浮上式鉄道。この方式は車輪とレールとの接触（粘着力）に依存せずに走行するため、リニアモーターを採用する必要がある。

従来のモーターが回転するのに対し、リニアモーターは横滑りするように動く。いちば

愛知高速交通東部丘陵線「リニモ」

ん身近にある利用例は、電動式ひげ剃り機だ。リニアモーターそのものはスペースを食わず、勾配にも強い利点がある。これを活かしてトンネル断面が小さい「ミニ地下鉄」に採用したのが、Ｏｓａｋａ Ｍｅｔｒｏ長堀鶴見緑地線や、東京都営地下鉄大江戸線などだ。これは一般的な鉄のレールと台車、車輪で舵取りをするため、鉄輪式リニアモーターカーとも言われる。宙に浮いて走るわけではない。

一方、「リニモ」は走行中、完全に宙に浮いている。乗っているとわからないが、線路とは接触していない。「飛行機と同じだが、意識してしまうと不思議な感覚に襲われるかもしれない。運転自体は自動・無人だ。最高運転速度は１００㎞／ｈに設定されており、スピーディに走る。これは日本の無人運転の鉄道の中では、最速でもある。

現在、品川～名古屋間が建設中の中央リニア新幹線も、リニアモーターを採用した磁気浮上式鉄道の一種。走行抵抗を空気だけにして、最高運転速度５００㎞／ｈを発揮する計画である。

## ■専用の線路？　を走るガイドウェイバス

名鉄の瀬戸線、そしてＪＲ中央本線、名古屋市営地下鉄名城線の乗換駅である大曽根は、名古屋市東部の交通拠点の一つだ。駅の東側では、専用の高架橋の上をバスが走る、新交通システムと路線バスをミックスしたようなシーンが見られる。これが「ガイドウェイバス」の日本唯一の営業路線である、名古屋ガイドウェイバスのガイドウェイバス志段味線、通称「ゆとりーとライン」だ。

ガイドウェイバスとは、ガイドレールを両脇に備えた専用の軌道をバスに取り付けた案内輪でたどって、ハンドル操作を不要にし、かつ渋滞の影響を受けなくした交通機関だ。誘導はレールに任されるところが、昨今流行している、専用道を走るＢＲＴとは違うところである。

車両はバスそのもので、もちろんふつうの道路走行も可能である。都市中心部では、専

鉄道とバスの利点を組み合わせた名古屋ガイドウェイバス

用軌道を走り、郊外に出ると一般道を走って住宅地などをきめ細かく結ぶ。輸送力はバス並みだが、いわば融通が利く交通機関である。ゆとりーとラインは、２００１年に大曽根～小幡緑地間の専用軌道が完成、開業。運転系統は専用軌道区間の折り返しの他、大曽根と中志段味や高蔵寺を結ぶ系統が走る。現在は名古屋市営バスが全便を受け持つ。運転士は一般道区間から大曽根まで直通で担当する。

　もう開業から20年近くが経っており、沿線住民にとってはおなじみの路線だろうが、定期券で大曽根を通るだけだと、やはり「用がないと乗らない路線」かもしれない。けれども、乗ってみると面白いものだ。乗り方は一般の路線バスと同じ。駅に改札口はなく、車内で支払う方式だ。有人駅は大曽根だけで、ラッシュ時には運転士だけではさばききれない精算を一部、駅の係員がホームで臨時に行っている。

何より、運転の仕方がユニーク。大曽根に到着したバスは、降車専用ホームで利用客を下ろすと、高架上の回転場で運転士の手動で方向転換し、乗り場に入ってくる。発車するとき、運転士は何をしているかと言えば、アクセルを踏むだけ。カーブはガイドレールによって自然に曲がる。ハンドルには手を添えているだけだ。見慣れているバスの運転とは少々違う。信号はなく、加速と減速だけを繰り返す。

法令上、専用軌道区間は鉄道に分類される。トロリーバスと同じ扱いだ。運転士は一般道路での営業に必要な大型第二種免許に加えて、鉄道の動力車操縦者免許（無軌条電車運転免許）を取得しなければ運転できない。「電車」の文字が入っているがディーゼルカーと同じで、ガイドウェイバス自体は非電化鉄道扱いされる。

小幡緑地駅では、専用軌道から一般道へ出る場合は、案内輪を床下に収納すれば、特に問題なく出て行くだけ。反対に専用軌道に入る場合も、案内輪を出せば、運転士のハンドルさばきだけで、すんなり入ってゆく。専用軌道への一般車両の誤進入を防ぐために、バスや運転士のＩＤを確認してゲートを開閉するシステムがある。

東海交通事業城北線

## ■眺めは抜群の、都会のローカル線

東海交通事業城北線も面白い路線。ＪＲ中央本線の勝川と、ＪＲ東海道本線の枇《び》杷《わ》島《じま》の間を結んでいるが、名古屋市北部の市街地を通るにもかかわらずディーゼルカーが走っている。ＪＲ武豊線が電化されて以来、愛知県内の非電化路線は、ここととゆとりーとラインしかなくなった。それなのに枇杷島駅の構内を除いて、全線が高架。かつラッシュ時でも毎時３本程度、日中や休日は１時間に１本程度の列車しか走らないのに、複線でもある。

こういう形の鉄道になったのは、もともと国鉄の貨物列車が使うバイパスとして建設が始まったがゆえだ。中央本線と東海道本線を、名古屋駅を経由せずに結ぶために計画された。構想当時の名称は瀬戸線。１９７６年に着工され、岡崎～瀬戸～高蔵寺～

勝川〜稲沢（枇杷島）間が国鉄線として開業するはずであった。しかし、財政難により工事は中断。岡崎〜高蔵寺間はすでに完成していた区間を含めて愛知環状鉄道が承継し、開業させた。一方、勝川〜枇杷島間はＪＲ東海が受け継いだが、大幅な赤字が予想されたため、同社は線路や設備のみを保有することにし、列車の運行は子会社の東海交通事業に委ねたのである。

元は幹線鉄道として建設されたがゆえ、線路は非常に立派。重量級の貨物列車が多数走行し、かつ、他の鉄道との間はもちろん、稲沢方面と枇杷島方面への分岐もネックとなる平面交差を避けて立体交差としたため、いささか過剰気味の設備をディーゼルカーが１両だけで走ることになってしまったのだ。

他社線との乗り換えは、枇杷島がいちばん便利。東海道本線ホームに隣接して、城北線の乗り場もある。名鉄犬山線・名古屋市営地下鉄鶴舞線の上小田井駅と、城北線小田井駅の間は歩いて5分ほどだ。それでも名鉄を途中下車して試乗するのなら、上小田井がいちばん近い。味美《あじよし》は城北線、名鉄小牧線それぞれに同じ名前の駅があるが、実際はかなり離れており、歩くと15分近くかかる。接続駅としては機能していない。こうなったのも、元は貨物線として設計されたため、他社との接続を考慮しなかったからだ。

勝川に至っては、高架化の際に中央本線のホームの内側に城北線が乗り入れるためのスペースがあらかじめ作られたにもかかわらず、城北線乗り場とＪＲ駅とは、歩いて７〜８分は離れている。そもそも城北線勝川駅は、中央本線の高架化を待つため、現在位置に仮駅として設けられたもの。しかし利用客が少なすぎるがゆえ、大きな費用をかけてのＪＲ勝川駅への乗り入れが見送られた。ちょっと哀愁ただよう経緯だが、不便さは残り、今も列車は閑散としている。１９９１年の城北線開業時も、枇杷島で接続設備は完成していなかったので、勝川〜尾張星の宮間が先行して営業を始めた。しかし、あまりに利用客が少なすぎたので、工事が急がれ、１９９３年には尾張星の宮〜枇杷島間が完成。ひと息ついている。

実際に乗ってみると、城北線は眺めがいい路線と気づく。会社側もそれを売りにして、利用客増を図っている。元日には、初日の出を拝む臨時列車も運転されるほどだ。その他、夏のビアホールトレインや、冬の居酒屋列車などの企画も盛んに行われている。東海交通事業の公式サイトをマメにチェックしておくと、楽しい列車に出会えるかもしれない。全線16分ほどなので、名古屋駅から1時間もあれば行って帰ってくることもできるだろう。寄り道にはもってこいなのだ。

## 新たな知識を得る・板谷駅

ふつう、都道府県立高校は県境を越えての入学を認めていない。だから、ローカル線の主な顧客である高校生は隣県までは鉄道で通わず、県境を越える区間は閑散とする。これを俗に「県境現象」と呼ぶ。

需要がない、すなわち列車の運転本数もごく少ない。途中下車しようとすると、つまりはスケジュール作成に苦労するのだ。仕事であり、気まぐれに下車するわけではないから、「無理だ」とスルーするわけにはいかない。結局、前夜、福島に泊まって朝早く出発。小国、新庄でも1泊するスケジュールになった。

昼間は大いに間延びするので、降りた記憶がない駅に降りるチャンスはある。

まず奥羽本線米沢行きの普通で出発し、急勾配区間である板谷峠に向かう。

電車はぐいぐいと33‰以上ある急坂を登ってゆく。GPSと車窓を見比べて福島・山形県境を確認してすぐに板谷到着。名前の通り、板谷峠の区間ではもっとも大きな集落だ。郵便局もあるが、朝7時台ではいかんともしがたい。

赤岩、板谷、峠、大沢の4駅は、山形新幹線の開業までは4駅連続のスイッチバック駅であった。普通列車に乗ると、駅ごとに行きつ戻りつしつつ、駅に発着していた。現在、赤岩は営業休止中。残る3駅もスイッチバックは廃止され、ポイント部分を覆っていたスノーシェード（雪覆い）の中にホームが移されている。

コラム　私の途中下車体験・山形の県境駅（2）

スノーシェードに守られた板谷駅

イタヤ・ゼオライトの鉱山を望む

板谷駅もまるでトンネル駅のようだった。峠道のこと、肌寒い季節にはむしろありがたい。次の列車まで約1時間あるので、旧駅を探検にゆく。スイッチバックの一部が保線用機械の留置場所として残っており、ホームもほぼ原形を留めていた。

そうした状況は事前知識としては持っていたが、降りてみなければわからなかったのが「イタヤ・ゼオライト」の存在。かつては板谷駅から貨車で積み出されていた鉱石だが、陽イオン、水分子、有害物質を吸着するすぐれた性質があるそうで、土壌改良や水の処理などに欠かせない。

トラック輸送に切り替えられた今も、数千年分の埋蔵量があって、鉱山会社は盛業中だった。スイッチバック駅の奥に貨物の積み込み施設の跡があり、何を運んでいたのだろうと興味を引かれ、その場でスマートフォンで検査した成果で、一つ賢くなった気がした。

## 秘境駅・面白山高原

次に訪れた面白山高原が、まず苦労した駅。日中は2時間に1本程度の普通しか停まらず、快速が停車する山寺まで歩く、あるいは山寺から片道タクシーを使おうかとさんざん時刻表と格闘したあげく、2時間を過ごす腹を決めた。さらに、板谷からまっすぐ乗り継いでも時間を持てあますだけなので、県境を越えて宮城県側の作並へ寄り道して旅行貯金に励むスケジュールになった。

面白山高原はまず、ハイキング客向けの仮乗降場として1937年に開業。JR東日本となってから、

## コラム　私の途中下車体験・山形の県境駅（2）

藤花の滝と仙山線

面白山高原駅の立派な待合室

隣接地にスキー場がオープンして常設駅となり、一時は快速も停車していた。きっぷ売場の建物も残っている。

しかしスキーブームは去り、現在、スキー場は休止中。リフトの故障とも聞いており、再開は難しいだろう。列車を降りてみても、錆びて草むした乗り場があるだけだった。しかも、駅前にある飲食施設兼宿泊施設もすべて閉鎖。自動販売機まで、電源を落としており、とにかくわびしかった。私以外は、たまにトレッキングの人が通るぐらい。まさに「秘境駅」だ。

ここの収穫は「藤花の滝」をじっくり見物できたこと。仙山線の車窓を彩る豪快な名瀑だが、列車だと一瞬で通り過ぎてしまう。それが面白山高原駅のホームからよく見えたのだった。ただ、周辺の探索も、滝見物にも飽きた後は、立派なテーブルがいくつも並ぶ待合室を借用。次の列車の時刻まで、抱えて出てきた原稿に取り組んだのであった。通過してゆく快速が恨めしかった。

## 新潟県のような山形県・小国駅

米坂線の小国も、以前に降りた記憶はあるが、さしたる印象が残っていないところだった。旅行貯金にばかり熱心になると、駅前と郵便局の間しか知らない町が増えてゆく。

地名の通り、小国は盆地の町で、「小独立国」のようなところだ。米沢側から入ると分水嶺を越える。山形県の大半は最上川水系だが、ここは新潟県へと流れる荒川水系。江戸時代も米沢藩領だったが、むし

コラム　私の途中下車体験・山形の県境駅（2）

赤屋根と白壁のコントラストが美しい小国駅舎

ろ新潟県とのつながりが強い土地と、実際に降りてみて感じた。小国駅にも、山形新幹線とともに上越新幹線の利用をうながすPRが掲げられており、朝の小国始発坂町行きの列車には、私立高校だろうか。新潟県側へ通う高校生の姿があった。山形・新潟の県境も注意していないと見逃してしまう、ただの谷間だった。（P225に続く）

# 第4章

## 途中下車技の応用 ～フリー切符の活用法

# 途中下車のルール

ここまで、途中下車の魅力を説き、途中下車を勧めてきた。では、ＪＲ各社のルール上、どのようなきっぷなら途中下車できるのだろうか。

そもそも「途中下車の定義」は、有人駅においては改札口をいったん出ること。無人駅においては列車から降りることだ。有人駅で、改札口を出ずに他の列車に乗り換える場合は途中下車とは言わない。

また、無人駅で他の列車に乗り換えねばならないケースも最近増えてきたが、その場合、いったんホームに降り立っても途中下車とは扱われない。横浜市と川崎市にまたがる臨海工業地帯を走るＪＲ鶴見線は、起点の鶴見を除いて全駅無人駅だが、途中、大川と海芝浦へ向かう支線が２本分岐している。例えば終点の扇町から海芝浦まではわずか５・７㎞、運賃は１６０円しかかからないが、直通列車はないため、途中の浅野で乗り換える必要がある。その際、「扇町から１６０円区間」の乗車券を持って、無人駅の浅野のホームに降りても、それは途中下車ではない。ただ、浅野駅の構外に出て散歩したとしても、わからないと言えばわからない。だが常識的には、それは途中下車と言うべきだろう。あくまでルール上は、接続列車をホームで待つための下車と解される。

途中下車は、原則として後戻りしない限り、回数の制限なくできる。ただし、途中下車ができないきっぷがある。だから、「こういうきっぷだと、途中下車できない」と覚えておくのがいい。ただし、最近はその制限が拡大される傾向にあるので、注意が必要だ。

なお、途中下車のルールは普通乗車券にのみ適用されるもの。特急券やグリーン券など、運賃以外の料金を払って購入するきっぷは、すべて途中下車できず、必ず列車ごとに1枚が必要となる。

## ■営業キロ100kmまでの乗車券は途中下車できない

手元にある、いちばん古い時刻表（1925年4月号）を見ると、途中下車のルールが現在とは大きく異なり、運賃計算の根拠となる営業キロの区切りごとに、途中下車できる回数が制限されていた。当時の営業キロは英国流にマイルで計算されていたが、例えば片道50哩（マイル）＝約80kmまでの乗車券では1回、300哩までは2回…と増えてゆき、1200哩1分（分＝1／10哩）以上は5回となっていた。1200マイルは約1920

㎞だから、東京〜鹿児島間より長い。長距離旅行は鉄道が当たり前だった時代である。

　ここで注目されたいのは、営業キロが短い分には途中下車の制限がなかったこと。50マイルと言えば、だいたい東京〜小田原、大阪〜姫路間ぐらいの距離だが、時刻表の営業案内を見る限り、例えば東京〜品川間4・3マイルの乗車券を持って、新橋で途中下車しても差し支えないと読み取れる。こうなっていた要因は、おそらく、当時の鉄道はあくまで長距離旅行に使うものであって、現在のように都市圏の通勤通学客をさばくため、電車が頻繁に走るような時代ではなかったためと考えられる。

　昭和初期から、いわゆる国電が充実して列車本数が増え、駅の数も増えてゆくと、途中下車の回数をチェックする手間も格段に増えていったと思われる。そこで回数の制限を廃して導入されたのが、営業キロによる制限と、大都市近郊における区間による制限であったのだろう。

　現在のＪＲのルールでは、営業キロ100㎞までの乗車券では途中下車できない。そういう場合、乗車券の券面には「下車前途無効」と印字される。目的地の駅までの間の駅で改札口を出た場合、乗車券はその下車駅で無効になってしまい、その先は使えないという意味だ。一方で営業キロ101㎞以上の乗車券では、他のルールが適用されない限り、後戻りしなければ自由に途中下車できるから、その差はけっこう大きい。

例えば、京都から西舞鶴までの営業キロは95・７㎞なので、「京都から西舞鶴ゆき」の乗車券では一切、途中下車できない。途中の綾部で改札口を出てしまえば、綾部と西舞鶴の間は使えなくなる。ところが、京都から東舞鶴までの営業キロは１０２・６㎞だ。「京都から東舞鶴行き」の乗車券なら、亀岡でも綾部でも、どこででも自由に、何回でも途中下車できる。

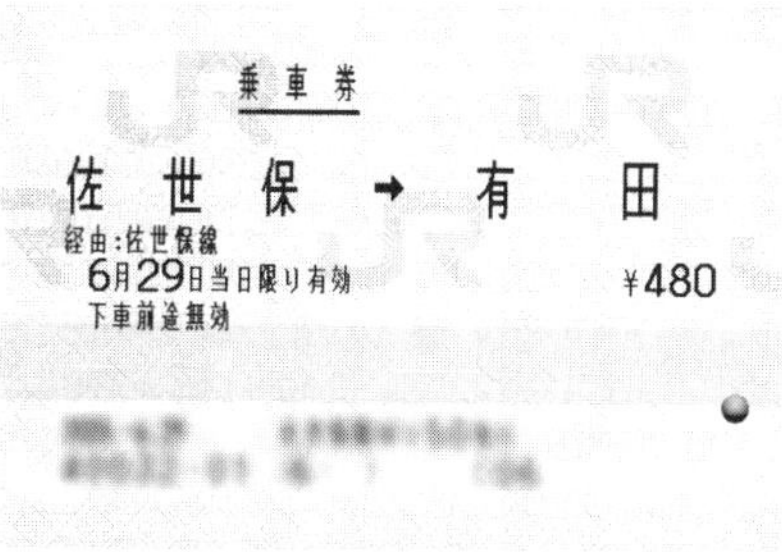

有効期限の下に「下車前途無効」と印字された、ＪＲの乗車券

なお、途中下車の可否はあくまで営業キロに基づく。運賃計算上、地方交通線に設定されている換算キロではない。大阪から播但《ばんたん》線の香呂までの運賃は、大阪〜姫路間の営業キロ87・９㎞＋姫路〜香呂間の換算キロ12・３㎞の計１００・２㎞、端数を切り上げて１０１㎞で計算される。だが営業キロは87・９㎞＋11・２㎞の99・１㎞、端数を切り上げて１００㎞。そのため「大阪から香呂ゆき」の乗車券では途中下車できない。

## ■「大都市近郊区間内相互発着」の乗車券では途中下車できない

今、途中下車派をいちばん悩ませているのが、たぶんこれだろう。現在、東京、仙台、新潟、大阪、福岡の5エリアには「近郊区間」が設けられている。出発駅も到着駅もこの近郊区間に含まれ、かつ近郊区間を出ずに乗車する場合、その乗車券では途中下車できない。乗車区間の営業キロが１０１km以上ある場合でも、こちらのルールが優先される。その代わり、乗車ルートにかかわらず運賃は最短距離で計算される。そして、重複しない限り乗車ルートは自由だ。

このルールが設定された理由は、大都市近郊は路線網が複雑で、同じ区間であっても利便性がほぼ同じと考えられるルートが複数あり、いちいち乗車券を発売する時に「どのルートで乗りますか？」と尋ねるのも面倒で、自動券売機の仕組みも複雑になるから。一例を挙げると、大阪から天王寺まで大阪環状線に乗る場合、西九条回りだと11・０km、京橋回り10・７kmと営業キロに大きな差がなく、距離が長い西九条回りには快速が頻発しており所要時間が短い。ホームに上がってから、先に来た方に乗ろうと考える場合も多かろう。こういうケースだと、このルールが活きて便利なのだ。

最近は、ＳｕｉｃａなどのＩＣカードの利用エリアが拡大されるのに合わせて、近郊区

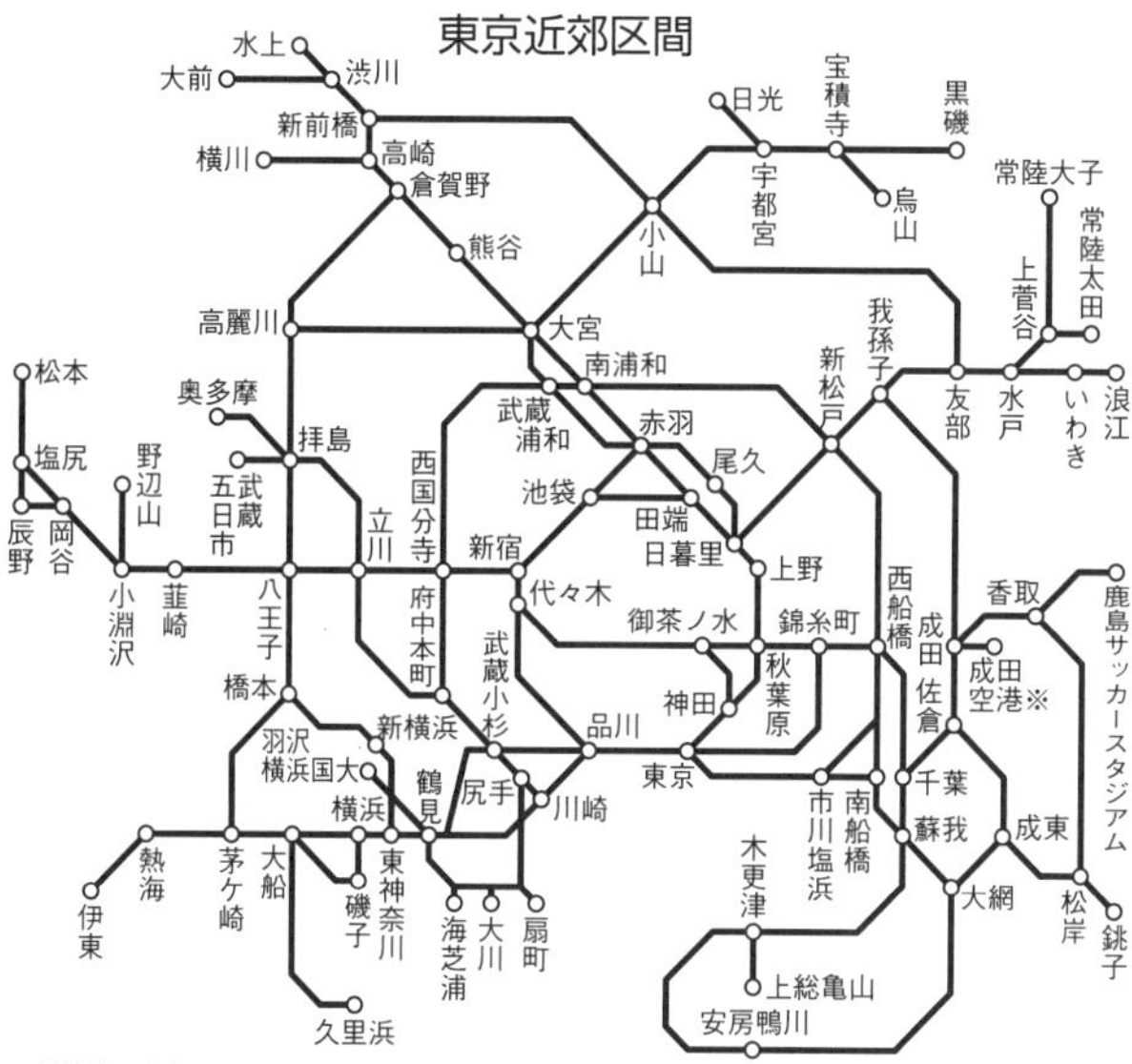


＊新幹線で東京〜熱海間、東京〜那須塩原間、東京〜高崎間をご利用になる場合は含まれません。
※成田空港駅（成田第１ターミナル）

交通新聞社『JR時刻表』9月号より

間も拡大されてきた。国鉄時代は東京、大阪、福岡だけだった近郊区間が、ＪＲ東日本が新潟と仙台へ広げたのは、Ｓｕｉｃａの導入に合わせての措置だ。ＩＣカードはシステム上からも途中下車不可で、途中の乗車経路は指定されないし、できない。

　その結果、現在は上図のように東京近郊区間が広がっている。これは、Ｓｕｉｃａ利用可能エリアとほぼ重なっている。

　そのため、例えば、いわきから松本まで旅行する場合。営業キロが最短距離計算で４４６・９㎞もあり、乗車券は7480円だが、途中下車はできない。有効日数も1日だけだ。もし、新宿で途中下車するならば、「いわきから新宿行き」の3740円、「新宿から松本行き」の4070円と乗車券を分けて買えばよいが、合計7810円かかり、通しで買うより330円高い。330円多めに払えば下車できるとも言える。

途中下車をするならば、少しだけ東京近郊区間を外した区間の乗車券を買う手段がある。松本の隣の駅、北松本は、松本から0・7km（換算キロ0・8km）しか離れておらず、かつ、東京近郊区間内の駅ではない。いわきから北松本までの運賃は、松本までと同じ7480円だし、都合がよい。乗車ルートはあらかじめ決めておかねばならないが、途中下車は可能になり、有効日数も1日から4日に伸びる。

もう少し「上級者向け」ではあるが、途中下車できるようにするため、一部に近郊区間に含まれない新幹線を乗車券のルートに組み込む方法もある。私が第1章で実践したやり方（**P20参照**）だ。

具体的に言うと、東海道新幹線の東京～熱海間、東北新幹線の東京～那須塩原間、上越新幹線の東京～高崎間は東京近郊区間には含まれない。同様に、大阪近郊区間における山陽新幹線の新大阪～西明石間、福岡近郊区間における山陽新幹線の小倉～博多間、仙台近郊区間における東北新幹線郡山〜一ノ関間、新潟近郊区間における上越新幹線長岡〜新潟間も、近郊区間ではない。

乗車券のルートを考える時に、これらの新幹線の区間を組み込むと近郊区間を出ることになり、やはり途中下車可能となる。左の「東京（山手線内）から熱海行き」の乗車券２種類を見比べてみてほしい。新幹線経由の方は山手線内以外の駅で途中下車できる。

乗車券
□□□□・・・・・・・・
山 東京山手線内 → 熱海
経由：東海道
10月 1日当日限り有効 ¥1,980
下車前途無効

東京山手線内→熱海（在来線経由）の乗車券

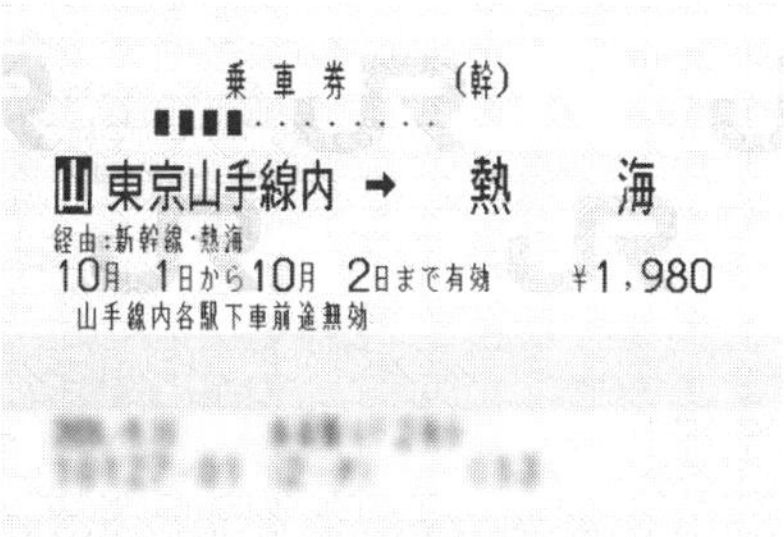
乗車券（幹）
■■■■・・・・・・・・
山 東京山手線内 → 熱海
経由：新幹線・熱海
10月 1日から10月 2日まで有効 ¥1,980
山手線内各駅下車前途無効

東京山手線内→熱海（新幹線経由）の乗車券

小田原に到着する新幹線「こだま」

## ■都区内・特定市内発着の乗車券のルール

Ｐ１９５の写真の乗車券は、横浜市内から大阪市内ゆきのものだ。大都市間を行き来する場合、こうした「～市内」発着、あるいは「東京都区内」発着の乗車券を手にすることが多いだろう。これは都区内・特定市内発着の特例が適用されたもの。北から、札幌、仙台、東京23区内、横浜、名古屋、京都、大阪、神戸、広島、北九州、福岡の各市内に指定された駅（行政エリア内とは若干異なる）に発着する場合、中心と定められた駅（東京23区内なら、東京）から２０１km以上離れた駅との間の運賃は、中心駅との間のものを適用する。そして23区内、各市内のどの駅からも乗車、どの駅でも降車できるルールだ。

写真のきっぷでは。例えば、横浜市内の関内《かんない》からＪＲに乗り、天王寺で下車してもよい。ただし、各出発地の都区内・特定市内の駅では途中下車できない。つまり関内から乗車したら、横浜や新横浜では途中下車できないのだ。横浜市内を外れれば途中下車自由になり、実際に京都、山崎、岸辺で途中下車している。

そして、都区内・特定市内ゆきの乗車券の場合は、その都区内・特定市内の駅で下車してしまえば、その先は無効になる。先のきっぷで横浜市内から東海道本線をたどるとして、東淀川からは大阪市内に入るので、自由に途中下車できるのは、手前の吹田までだ。

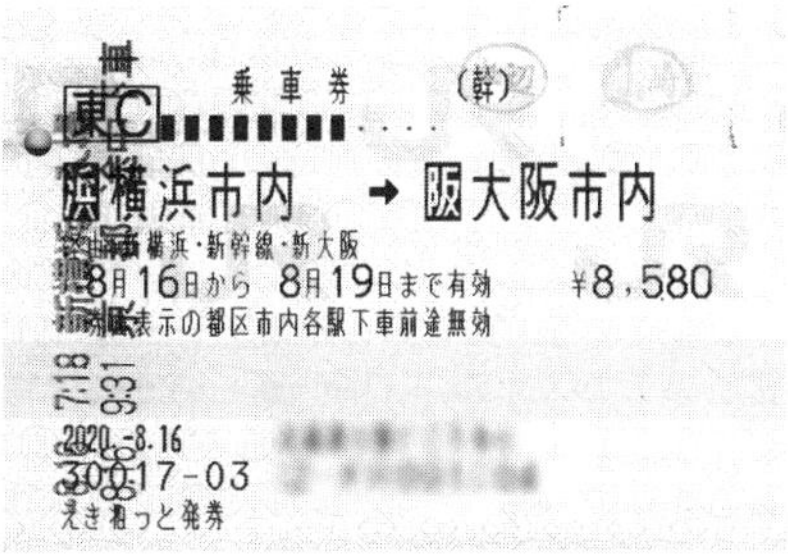

都区内・特定市内発着の乗車券の例（横浜市内→大阪市内）

しかし、大都市近郊区間と同じく、出発駅や到着駅を都区内・特定市内から少し外すことで途中下車は可能になる。このきっぷの場合、「大阪市内行き」ではなく大阪市内を通り過ぎた「尼崎行き」とすれば、同じ８５８０円ながら、特定市内行きは関係なくなり、きっぷのルート上の駅なら基本通り、新大阪や大阪で途中下車できる。

この特例の縮小版として、「東京山手線内発」と呼ばれるものもある。東京駅からの営業キロが１０１km以上、２００km未満の駅との間は、東京との間の運賃を適用し、山手線の内側の駅なら、どこでも乗り降りできる。これも同じく、山手線内の駅では途中下車できない。先に紹介した東京〜熱海間などが例だ。東海道新幹線経由の乗車券でも、山手線内の駅では途中下車できない。

このような特例が設けられた背景は、都市部の駅は数が多く、いずれも長距離客の利用が多いため、運賃計算が複雑になること。乗車券を事前に印刷していた時代は、用意するきっぷの種類が多くなりすぎたことなどが挙げられる。

## ■途中下車できないきっぷと、できなさそうで、できるきっぷ

ここまでで紹介した、営業キロ100km以下、あるいは大都市近郊区間内の、途中下車できない乗車券には共通点がある。それは「有効期間が1日限り」であること。つまり、1日限り有効のきっぷは、途中下車できないと覚えていて間違いない。

普通乗車券以外でも、まず「回数券」は途中下車できない。割引きっぷも、乗り降り自由のフリータイプ以外は、途中下車できないと思っていて、まず間違いない。詳しくは各割引きっぷの利用案内を参照すること。

JR以外の鉄道の乗車券はどうだろうか。大手、中小を問わず、私鉄、公営鉄道、第三セクターなどの鉄道の乗車券は、ほぼ途中下車できない。途中下車をして楽しもうと思えば、一日乗車券などの活用が必須になる。

ただ、物事には例外があるもの。大手私鉄であっても九州の西鉄は、営業キロ17km、運賃350円を超える乗車券を持っていると途中下車ができる。例えば西鉄福岡（天神）～大牟田間の乗車券を買っておけば、途中の柳川などで途中下車し、観光もできる。

香川県の高松琴平電気鉄道（ことでん）も、栗林《りつりん》公園や琴電屋島など、指定された駅では途中下車ができる。ことでんと同じ方式の鉄道としては、島根県の一畑《いちばた》電車などもある。

ただし、いずれの場合も、ＩＣカード利用の場合は途中下車できず、あらかじめ紙のきっぷを買っておく必要がある。また、乗車券の着駅と運賃が同額になる駅でも、途中下車できない。

途中下車のルールとは少々違うが、実質的に途中下車ができる場合もある。

東京メトロでは、建設時の経緯から、同じ会社の路線同士の乗り換えでも、いったん改札口を出なければならない駅がある。銀座線と半蔵門線の三越前など、駅名が同じ場合もあれば、日比谷線の人形町と半蔵門線の水天宮前のように、駅名は別でも乗り換え可能と指定されているところもある。

この場合、いったん改札口を出てから乗り換え先の改札口を通るまで、60分以内であれば、改めて別運賃は必要にならない。買い物やちょっとした食事、休憩ならば十分、できるのだ。きっぷを持っている場合は、オレンジ色の乗り換え用自動改札機を通ればいい。該当する駅には、懇切丁寧な掲示が整えられている。ＩＣカードでも乗り換え可能で、その場合は、どの自動改札機を通っても自動的に処理される。東京メトロと都営地下鉄との間の乗り換えでも、改札口を出るケースが多いが、同様だ。

## 途中下車に「使える」きっぷ

一般の乗車券では制約が大きくなってきているとは言え、その一方で、「乗り降り自由」をうたったフリーきっぷ、一日乗車券の類いを発売している会社は多い。利用促進が目的だから、大いに利用したい。各社の一日乗車券は、その鉄道の始発から最終列車まで使えるのがふつうだ。0時を超えて日付の上で翌日になったとしても、前日の日付のものが、そのまま問題なく使える。

ただし、一日乗車券を購入した時刻によって、有効となる時間が異なってくるという欠点がある。最終列車が0時発として、朝の6時に購入したら18時間も使えるが、お昼下がりの13時に購入したとすれば11時間しか使えない。その日に乗車する回数と区間により、発売額を上回って「お得」になるとすれば、購入すればよいのだが、なんとなく釈然としない思いも残る。

なかなか気づきにくいこの不平等を解消しようという動きが、最近、見られるのはうれしい。途中下車派にとっては、朗報だ。

## ■東京メトロ24時間券を有効に使う

ヨーロッパの都市交通では、ゾーン運賃と言い、同じゾーン内の公共交通機関ならば経営主体や種類を問わず、１枚の乗車券で所定の時間内、乗り降り自由になる都市がほとんどだ。日本のＪＲや大手私鉄に当たる鉄道でも、地下鉄でも市内電車でもバスでも、町によってはフェリーやケーブルカーなども、思うままに乗り回せるから楽しい。

そこまでは及ばないまでも、東京における一日乗車券の充実ぶりには目を見張る。さすがに日本の首都だ。中でも２０１６年３月26日から発売が開始された「東京メトロ24時間券」は、東京の中心部一円で使える乗車券という意味においても、画期的であった。

東京メトロ24時間券

この乗車券は、自動券売機で購入した時点では、有効期間が印字されていない。しかし、購入したその日のうちに自動改札機を通すと、自動的に翌日の日付と、有効時間が印字される。その時間までに自動改札機を入って、電車に乗るのならば、何回でも自由に東京メトロの路線を乗り降りできるのだ。発売額は６００円なので、初乗り170円区間を4回乗るだけでもお得になる。

また、東京メトロの定期券売場では、前売り券も同額で発売されている。そちらは楽しい図柄入り。発売日から6カ月以内の1日に使える。ICカード「PASMO」に載せるタイプもあり、自動券売機または定期券売場で購入した時刻から24時間有効と、紙の乗車券と比べて、若干の違いがある。しかし、最近増えているICカード専用の自動改札機が使えるというメリットがある。なお、定期券として使用中のPASMOや、Suicaなど PASMO以外のICカードは使えない。

このきっぷがすばらしいところは、やはり日付をまたいで使えるところ。その日のうちは大した回数、東京メトロに乗らないとしても、翌日、かなり乗るという場合は1枚の乗車券でOKなのだ。例えば、他の地方から東京に出張に来るとして、夕方、東京駅に到着し、地下鉄で宿泊するホテルに移動するだけという場合でも、24時間券を買っておけば、翌日、仕事で都内をめぐる時に同じきっぷが使える。要は、現時点から終電まではなく、24時間のトータルでどれだけ東京メトロに乗るかで、購入するかどうかの判断ができる。東京近郊に住まう私の場合など、当日午後と翌日午前に都内で所用が続く場合など、考えるまでもなく「買い」。もちろん、その夜は帰宅するとしてもだ。

仕事ばかりではなく、遊びにだって有効に活用できる。午後に用事で都内をめぐる場合に購入したとしても、24時間券の有効時間は翌日の午前中まで残っている。時間の制限はあるが、改めて一日乗車券を買う必要もなく、買い物や散歩に引き続き利用できる。

注意しなければならないのは、「東京メトロ24時間券」以外で多く発売されている、都営地下鉄、ＪＲ東日本にも乗れるフリーきっぷ類は、従来通り終電まで有効であること。「東京メトロ・都営地下鉄共通一日乗車券」や、東京メトロ、都営交通、23区内のＪＲ東日本路線が乗り降り自由な「東京フリーきっぷ」などだ。けれども、東京メトロがカバーしていないエリアへも、これらのきっぷを使えば足をのばすのも簡単。自分の行動パターンに合わせて使えるのは、さすがに日本一のビジネス街であり観光地でもある東京だ。

また、これらのフリーきっぷ類には、さまざまな特典がある。有効期間内であれば、都内の博物館・美術館や水族館、飲食店、ショッピングスポットなどで割引などを受けることができる。公式サイトで検索するか、きっぷの購入時に手に入るパンフレットを熟読し、対象を確認しておきたい。

東京メトロ以外の会社の乗り放題きっぷも多いのだが、なかなか24時間有効という会社は少ない。観光に重宝しそうなのが、那覇市内のモノレール「ゆいレール」のきっぷ。名称は1日フリー乗車券（８００円）や2日フリー乗車券（１４００円）となっているが、購入時から24時間、または48時間有効なので、仕組みは東京メトロと同じだ。2泊3日の旅なら、48時間券つまりは2日フリー乗車券で、ほぼ事足りるだろう。主要部分が焼失し再建中ではあるが、首里城の入場券などが割引となる特典もある。

長崎電気軌道のモバイル乗車券

市内観光用と言えば、長崎の市内電車である長崎電気軌道は従来通りの一日乗車券を発売している他、スマートフォンの専用無料アプリから買えるモバイル乗車券としても、一日乗車券と24時間乗車券を発売している。日帰りまたは市内観光が1日だけの場合と、泊まりがけで長崎を楽しむ場合、どちらでも活用できる。一日乗車券は５００円（紙・モバイルとも）、24時間乗車券は６００円とリーズナブルだ。

## ■東京近郊の私鉄沿線からは「メトロパス」

私は東急沿線住まいで、都内へもしばしば出かける。その際、東急と東京メトロの接続駅である渋谷でいったん改札口を出て、東京メトロ24時間券を改めて買い直すことが多い。しかし時には、その日のうちに用事は済み、翌日は特に出かける用はないという場合などは「東急東京メトロパス」を使う。

この「私鉄名＋東京メトロパス」は、出発駅から東京メトロ接続駅までの往復乗車券に、東京メトロの一日乗車券（24時間券ではない）がセットになったきっぷ。東急の他、小田急、東武（東上線内と、スカイツリーライン線内などに発着する2種類）、西武、京王の各大手私鉄、および東葉高速鉄道、埼玉高速鉄道、つくばエクスプレス（ＴＸ）の、一部を除く各駅で発売されている。京王とＴＸを除いて東京メトロと相互直通運転を実施している会社で、これを買うと接続駅で降りる必要はなく、そのまま乗り通せる。

発売額は出発駅によって異なる。例えば、自宅最寄りの東急駅からは８７０円。渋谷までは片道２２０円、東京メトロ24時間券が６００円だから合計１０４０円になり、１７０円お得。東急分の往復乗車券が２７０円で買えている計算になる。

その他、京王、ＴＸの往復乗車券と都営交通の一日乗車券がセットになった「ＴＯＫＹＯ探索きっぷ」、京急の往復乗車券と都営交通の一日乗車券がセットになった「東京１ＤＡＹきっぷ」が、同種のきっぷとしてある。

■「シニア割引」を活用する

少子高齢化時代を反映してＪＲ各社では、さまざまなシニア向けのサービスを展開している。代表的なものが「ジパング倶楽部」だろう。ＪＲ旅客６社の路線を片道、連続、往復で２０１km以上利用する場合、運賃や料金が年20回まで、最大で30％も割引される。ただし「のぞみ」「みずほ」の特急料金や、グランクラス、寝台料金、グリーン個室などは割引の対象外だ。ゴールデンウィーク、旧盆、年末年始の繁忙期にも利用できない。

入会資格は男性が満65歳以上、女性が満60歳以上、夫婦が同時に入会する場合はどちらかが年齢の要件を満たしていればいい。若い人には関係なさそうな制度だが、主にリタイア層に老後を楽しんでもらおうという主旨で設けられた。学生、生徒には反対に「学生割引（学割）」で運賃20％引きの制度があるから、おあいこだ。

なお、ＪＲ東日本の「大人の休日倶楽部」は「ジパング」と「ミドル」の２種類の会員があり、ジパングはジパング倶楽部への自動入会だが、ミドルの方は男性女性とも満50歳から入会できる。割引率は５％と低く、ＪＲ東日本とＪＲ北海道の路線に限るという制限もあるが、壮年層を対象とした数少ないサービスだ。私も会員だが、Ｐ20から紹介した途中下車の実践旅で使った、武蔵溝ノ口から浜野までの乗車券（全区間がＪＲ東日本）と新幹線や「わかしお」の特急券も、実は割引を受けられた。うっかりしていた。

さて、こうした割引制度を活用して旅を安く上げるのはいい。東京〜新大阪間を新幹線「ひかり」で片道旅行すると、運賃８９１０円＋特急料金５４９０円、合計１万４４００円かかる。これをジパング倶楽部で30％割引を受けると運賃６２３０円＋特急料金３８４０円、合計１万70円で済むから安い。

ただ、安くなったと喜んでいるだけではなく、発想を転換してみてはどうだろうかとも思う。ジパング倶楽部を使った上で、１万４４００円が予算と考えるならば、より長く旅ができ、たくさん途中下車できそうである。そちらの方が楽しくはないだろうか。

## 途中下車でふくらむ、旅の楽しみ

２０２０年に刊行した私の著書における企画として、新大阪から東京まで新幹線「のぞみ」を利用した場合の運賃＋特急料金（通常期）の合計１万４７２０円までを予算とし、おなじみの「青春18きっぷ」を活用して、交通費が安くなる分、どこまで旅を充実させられるかにチャレンジした。新幹線移動の場合は時間短縮効果をお金で買っているが、この場合は反対にお金で時間を存分に買うことになろうか。

この旅では、大阪から大和路線と桜井線で桜井に抜け、近鉄で松阪へまず向かった。有名な駅弁屋「あら竹」で牛肉の弁当を買って、名松線を往復し、名古屋で1泊。翌日は中央本線に入り、中津川から飯田へバスを乗り継ぎ。飯田線の車窓風景を楽しんだ後、中央本線に戻り、最後は甲府で天然温泉をのんびり浴びた。これで交通費と宿泊費、入浴料などの合計は1万3408円に納め、1312円余らせている。いかがだろうか。

こちらでは同じことをしても面白くないので、やはり東京～新大阪間の運賃8910円と「ひかり」の特急料金5490円の合計1万4400円を予算とし、ジパング倶楽部の30％割引を活用。どこまで乗車距離を伸ばし、途中下車できるか机上旅行に挑んでみよう。

■**ジパング大活用・1万4400円でどこまで乗れる？**

東京～新大阪間で「ジパング倶楽部」で割引になる「ひかり」に乗ると、旅費は1万70円になることは、先に計算した。では、割り引いて1万4400円になる場合、割引前はいくらかと言えば、1万4400を0・7で割って1の位以下を切り捨てると、2万570という数字が出てくる。乗り継ぎにはなるが、東京～新山口間を「ひかり」「さくら」に乗ると2万１０００円。ジパング割引で計算すると1万４６９０円。けっこう遠くまで行けそうである。

もちろん、新幹線を乗り通すだけではつまらないし、途中下車の旅という主旨にももとる。最終目的を讃岐うどんに定め、東京〜高松間のジパング割引での運賃８０７０円を基礎に考えてみよう。特急料金などに使えるお金は1万４４００円－８０７０円＝６３３０円が目処だ。讃岐うどんを食べるなら、沿線の麺の食べ比べ旅など、どうだろう。

まずは、Ｂ級グルメとして名を馳せた「富士宮やきそば」はいかがか。ＪＲ身延《みのぶ》線で富士宮まで行ければよいが、新幹線の新富士駅前やその周辺にも何軒か幟を掲げた店がある。朝10時には開いているようなので、東京を8時57分発の「こだま７１１号」に乗って、10時03分に着く。特急料金（指定席）はジパング割引が効いて２１４０円也。なお、食事代は新幹線で直行したとしても駅弁ぐらいは食べるだろうから、別枠にしておく。あまりケチケチしないのも「大人の余裕」だ。

新富士駅ホームの上りホームからは、富士山が真正面に見える。天気が良く時間が余っていれば、食後は存分に風景が楽しめるだろう。1時間後、11時08分発の「こだま７１５号」で名古屋へ行くとする。12時37分着。

名古屋駅ホーム「住よし」のきしめん

ここは新幹線のホームに、名物の立ち食いのきしめん屋「住よし」がある。お昼時で混雑しているはずだが、回転は早いので、さほど待たずに食べられるだろう。

なお新幹線の特急料金は、改札口を出ない限り乗車駅から下車駅まで通しで計算できる。名古屋では、きしめんを食べる限りにおいては途中下車する必要がない。だが、いったん列車からは降りるので、これも途中下車のうちに含めておこうか。

次は姫路へ行こう。13時03分発の「ひかり509号」には間に合うだろう。姫路には14時39分着。ここでは改札口を出なければならない。新富士～姫路間の特急料金はジパング割引で3600円。姫路の名物麺は、在来線ホームに店がある「えきそば」だ。地元企業のまねき食品が出しているが、ここはそばと言いつつ、中華麺を使い和風のだしと合わせた、他にはない麺なのだ。１９４９年から姫路駅で営業している、ご当地のソウルフードである。立ち食いだけではなく、新幹線の改札口の前にはテーブル席がある「マネキダイニング」もあるので、お好みの方でどうぞ。

まだお昼下がりなので、富士山に続いて姫路城を見学するもよし。駅ビル内にはやはり姫路発祥の「御座候《ござそうろう》」を売る店もある。関西では、企業名の御座候が他の地方で言う「回転焼」や「今川焼」の代名詞になっている。これもご当地の味として、おやつにぜひひとつどうぞ。

姫路〜岡山間は「さくら」だとわずか19分ほど。気まぐれ発動で、適当な列車の自由席に乗ればいい。自由席特急料金は１２３０円。在来線の普通を乗り継いでも１時間半ほどだから、特急料金節約も可能だ。

岡山〜高松間は快速「マリンライナー」が頻発している。晩ご飯前には高松に着けるだろう。ここもホームの一角に、かつて宇高連絡船の船上で営業していた「連絡船うどん」が店を開いているし、もちろん町中には讃岐うどんの店があふれている。お酒好きならば、食後はＪＲ高松駅から歩いて数分のところにある、高松琴平電気鉄道の高松築港駅へ。改札内には日本で唯一の「駅ナカホームパブ」（P49参照）が待っている。

交通費の総額は1万5040円となった。予算より640円オーバーしたが、引き替えに得た途中下車と「食」の楽しさからすれば、許容範囲とお許しいただきたい。東京〜新大阪間を「ひかり」に乗り通してしまえば3時間弱。それと同じだけの予算で、丸1日楽しめるのだから、各種割引の効果は大きい。

## 青春18きっぷ「五方面作戦」

青春18きっぷと言えば、「激安きっぷ」の代名詞のように言われる。JR全線の普通・快速列車（要は、特急・急行料金を必要としない列車）に1日間×5回、乗り放題で1万2050円。1日あたり2410円だから、確かに安い。

そして、電化された幹線の普通列車は案外速く、区間によっては高速バスとそれほど遜色のないスピードで走ったりもする。例えば、東京駅前7時発のいわき行き高速バスは、10時03分にいわき駅前に着き、所要時間は3時間3分。運賃は3500円。これに対し東京〜上野間を山手線などでつないで、上野7時03分発の普通水戸行きに乗ると、水戸では

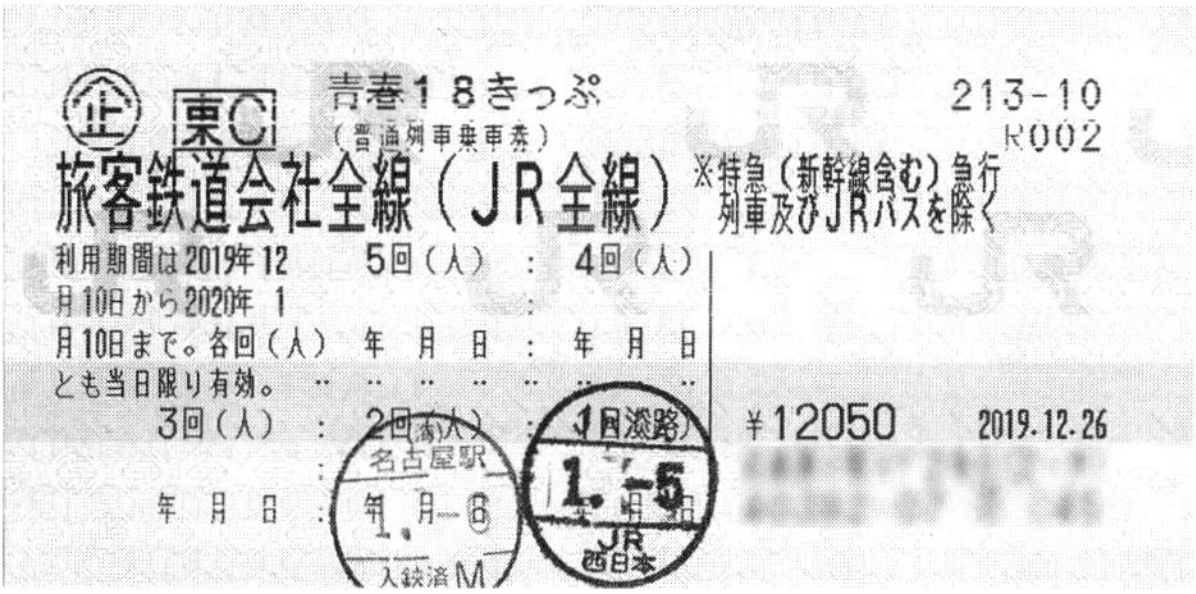

青春18きっぷ

すぐにいわき行きに接続しており、いわきには10時50分着。3時間50分ほどで着き、青春18きっぷを使えば1000円ほど安く上げることができる。もちろん、乗り換えの手間や、ロングシート車に当たる場合もあるが、比較の対象にはできるのではないだろうか。高速バスの側にも、渋滞のリスクがついて回る。

簡単に青春18きっぷの「利用方法」について、おさらいしておく。

まず、特急や新幹線には別に特急券などを購入しても乗ることはできず、乗車券も購入しなければいけない。5日分が1枚のきっぷにまとめられているが、1人で5回乗っても、5人で一緒に使ってもいい。ただし、複数で使う場合は、同じ行程で乗る場合に限られる。発売期間、有効期間は春、夏、冬、それぞれに定められていて、余ったからと言って、次の季節には使えない。最初に乗車する駅では、その日の日付が入った改札印を押してもらう必要がある。無人駅から乗車した場合は、車掌、もしくは最初に下車した有人駅へ申し出ること。

そしてもっとも誤解されている点が、青春18きっぷには使用者の年齢制限はないこと。「18歳専用ですか？」と時々尋ねられるが、誰が使っても構わない。子供用のきっぷもないが、10歳でも80歳でも、どんどん使って鉄道旅行に親しんでほしい。

JR全線乗り放題だから、大都市近郊区間であれ都区内・特定市内であれ、まったく関係なく途中下車できることが最大のメリットだ。山手線をひと駅ごとに乗り降りし続けても、東京から大阪まで有楽町、新橋、浜松町……と、東海道本線の全駅下車に挑んでも差し支えない。ただし、自動改札機は通れないので係員がいる通路を利用する必要がある。

こうした特徴をつかめば、途中下車の旅にも存分に応用が利く。

このきっぷ。どうしても安いということに目が行きがちだ。確かに東京から大阪まで、ふつうに乗車券を買ったら８９１０円かかるところを、２４１０円で済ませることができる。東海道本線の中京圏や近畿圏には多数の快速列車が走っており、これを駆使すれば、約10時間で到着できるから、18きっぷシーズンになると、ひたすら列車を乗り継いで先を急ぐ客で東海道本線の列車は混雑する。

しかし、それでは途中下車し放題という特徴がまったく活かせないではないか。途中下車派には、途中下車派なりの青春18きっぷの使い方があるはずだ。

そこで、私なりに考えた活用法が「青春18きっぷ五方面作戦」である。

1960年代、高度経済成長期を迎え、毎年どころか毎月のように通勤通学客が激増していた国鉄は、首都圏における「通勤五方面作戦」と名付けた対策を立案。複々線化など輸送力の大幅な増強工事を実施し、現在につながる基礎とした。五方面とは、総武本線、常磐線、東北本線・高崎線、中央本線、東海道本線の5本の幹線だ。

「青春18きっぷ五方面作戦」とは、それをもじっただけ。5日分あるこのきっぷを、自宅から5つの方面へ、5つのテーマに沿って、それぞれ日帰りで使う計画だ。5日連続で行う必要もなく、有効期間内の天気がいい日に飛び飛びに出かければよい。

わが家の最寄りJR駅は南武線の武蔵溝ノ口だが、他のJR線への接続駅は府中本町か武蔵小杉までない。そこまではどこへ行くにしろ南武線に乗らなければいけないし、第一、一般性に乏しい。そこで、大ターミナルで接続する私鉄路線も多い渋谷を起点に考えてみた。これはあくまで一例だから、それぞれ都合のよい駅から、5方面へ出かけることを計画してみてはいかがだろうか。

銚子電鉄

■総武本線〜さまざまな乗り物を楽しむ

渋谷を朝7時17分発の山手線に乗れば、品川、千葉で乗り継いで、普通・快速だけで10時15分に銚子へ着ける。青春18きっぷの旅では、早起きは必須だ。

銚子では、JR駅の一角から発車する銚子電気鉄道に乗ってみよう。終点の外川までわずか6・4km、20分で着いてしまう超ローカル私鉄だ。最近では、変電所の機器の更新費用を映画を製作してまかなおうとするなど、何かと話題に上る鉄道だが、東京からなら青春18きっぷで訪ねやすい。一日乗車券「弧廻手形（700円）」も車内で車掌から買えるので、気が向いたら「銚電」途中下車の旅に切り替えてもいい。

銚子に飽きたら？　海鮮料理をお昼ご飯とし、

13時08分発の成田行きに乗って、成田で成田空港行きに乗り換えてみる。成田空港14時45分着と案外近い。地球上のあらゆる大陸につながっている成田国際空港がそこにあり、銚子電気鉄道とは真逆の世界が味わえる。ターミナルビル内の店を冷やかして歩くだけでも海外旅行気分になれるし、発着する飛行機を眺めているのももちろん面白い。

成田国際空港を堪能したら、16時33分発の久里浜行きに乗って、都賀で下車。千葉都市モノレールの乗換駅なので、千葉または千葉みなとまで、懸垂式モノレールからの眺めを味わいたい。

なお、千葉から渋谷までの最終電車は23時50分（！）なので、もういいや、というところで適当に帰ってもいいし、行ってみようと思いついた、別な駅へ降りに行くのもありだ。せっかく、無数に電車が走っている首都圏だ。乗り降り自由の恩恵をとことん最後まで受ければいい。

## ■常磐線〜芸術やスポーツに触れる旅

常磐線は2020年3月14日、東日本大震災の被害から全線が復旧した。復興ぶりを見に行くことを兼ね、沿線に縁がある芸術やスポーツに触れてみる旅はいかがだろうか。

広野駅の歌碑

まず渋谷6時33分発の山手線で日暮里7時ちょうど着。7時06分発の常磐線水戸行きに乗れる。水戸では9時09分発のいわき行きに接続し、10時19分着の大津港で降りる。茨城県最北の駅だが、近くに岡倉天心の居宅内にあった「六角堂」があるのだ。美術好きにとっては一種の聖地だろう。大津港駅10時30分発の北茨城市・市内巡回バスがあり、六角堂入口まで15分ほどだ。ただしこのバス、火・木・金曜日のみ運転。帰りも13時過ぎまでバスはないから、片道、もしくは往復ともタクシー利用とした方がいいかもしれない。地方のコミュニティバスの現実もかいま見える。

大津港はアンコウでも有名だから、昼食の時間も取って、13時08分発のいわき行きに乗ることを目標にする。いわきではすぐ広野行きに接続。

14時05分に着く広野の見どころは、まず構内にある童謡「汽車」の歌碑。この歌は、広野付近を走る常磐線の車窓がモデルとなったとの説から（異説もある）碑が建てられた。曲を思い浮かべながら、走る列車から風景を眺めると、なるほどと思うかもしれない。

もう一つ、駅前の県道を南へ10分ほど歩くと、常磐線が浅見川を渡る橋梁がある。鮎川哲也の推理小説『下りはつかり』で、犯人のトリックが構築された場所だ。ここで撮られた特急「はつかり」の写真がアリバイ作りに使われた。ただその後、浅見川橋梁を含む区間は新線に切り替えられ、位置が少し山側へずれた。想像の中で楽しむことにしたい。

広野の次は隣の、２０１９年４月20日に開業したばかりの新駅、Ｊヴィレッジはどうだろう。サッカー向けナショナルトレーニングセンターの最寄り駅で、見どころは、ホーム上にある、日本がＦＩＦＡワールドカップで優勝した暁にトロフィーのレプリカを置く「予定」の台座だ。展示が実現した暁には、ぜひもう一度来たい。

富岡〜浪江間は常磐線最後の復旧区間だ。東京電力福島第一原子力発電所事故による、帰還困難区域もまだ広がる。大野や双葉の駅前なら出入り自由なので、現実を見つめに行くのもいい。広野15時41分発で先に大野へ行き、帰りにＪヴィレッジへ寄れば、スケジュールがうまく行く。いわき19時08分発の水戸行きに乗れて、22時53分上野着だ。

EV-E301系「ACCUM」

■**東北本線・高崎線〜新しい鉄道を見る**

鉄道技術は日進月歩で、昔の常識は、すぐ通用しなくなる。今、栃木県内には「非電化区間でも走ることができる電車」が運転されている。蓄電池式電車といい、電化区間では一般的な電車と同じように架線から電気を取り入れて走るが、非電化区間に入るとパンタグラフを下ろし、蓄電池に貯めた電力で走るのだ。運転区間は宇都宮〜烏山間。宇都宮〜宝積寺《ほうしゃくじ》間は電化された東北本線を走り、宝積寺〜烏山間は、非電化ローカル線の烏山線に乗り入れる。

愛称は「ACCUM」。2014年に試験的な営業運転を開始し、2017年には全列車が、この車両での運転に変わった。

渋谷には湘南新宿ラインが停車するので、東北本線方面への直通列車を利用すれば、宇都宮まで1本で行ける。青春18きっぷの場合でも、グリーン料金を別払いすればグリーン車が利用できるから、楽をしたいのならグリーン車に限る。

渋谷8時11分発が宇都宮行きで、ちょうど2時間で10時11分に着く。10時34分発の「ACCUM」に乗り継げ、烏山へは11時22分着だ。

11時39分発ですぐ折り返してもいいが、隣の滝駅から歩いて5分ほどのところに、駅名の通り龍門の滝という名瀑があるので立ち寄るのもいいだろう。

宇都宮に戻るなら、12時26分着。餃子を堪能したら、JR宇都宮駅の東口側に出てみたい。隣の芳賀町の本田技研北門との間、約14・6㎞を結ぶ「宇都宮ライトレール」が建設中だ。ライトレール（LRT）は路面電車の発展形とも言われ、一般的な鉄道とバスとの間を埋める「中量輸送機関」。欧米の町では、基幹交通として発達している。宇都宮では2022年3月に開業の予定だ。建設現場に興味がある向きは、JR宇都宮駅にレンタサイクルがあるので、使ってめぐるのもいいだろう。宇都宮からの帰りは、16時38分発の湘南新宿ラインの快速をつかまえられれば速く、渋谷には18時24分に着く。

中央本線の普通列車

## ■中央本線～ジャム探しの旅？

東京近郊を出発点に青春18きっぷの旅をするなら、中央本線が、車窓の面白さあり、温泉あり、グルメありで、いちばん楽しいだろう。それゆえ、青春18きっぷのシーズンになると、気軽なスタイルの旅行者で普通列車が賑わう。人気を反映して、土休日を中心に、新宿～小淵沢間に臨時快速「ホリデー快速ビューやまなし」が運転されることもある。全車2階建て電車での運転で、指定席も設定されており、青春18きっぷ利用の場合でも530円を追加し、みどりの窓口や駅の指定券券売機などで指定席券を買えば座席が確保できる。三鷹や立川など途中駅から乗る場合は、指定席を取っておけば安心だ。

この臨時快速は、新宿発9時02分と手頃。目的地はいろいろ考えられるが、10時39分に着く勝沼ぶどう郷などはいかがだろう。山梨県はフルーツ王国で、ブドウやモモの栽培で知られる。ワインの醸造も盛んだ。勝沼にはワイナリーがいくつもあって、午前中から甲州ワインが楽しめる。

甘党、そしてジャム派にも山梨は「天国」だ。いろいろ検索してみると、「山梨県笛吹川フルーツ公園」が目についた。レストランやカフェ、特産品ショップ、農業体験、料理教室などが楽しめるテーマパークで、私はジャムを買いあさってしまいそうだ。公園内を走る、蒸気機関車のような外観をしたロードトレインも気になるのは、乗り物好きゆえ。隣接して、甲府盆地を一望の下に眺められる露天風呂を持つ「やまなしフルーツ温泉ぷくぷく」もあるとのことで、そちらにもそそられる。

ただ、公式サイトを見ても、アクセスはＪＲ山梨市駅からタクシーで7分としかない。けっこう駅からは距離があるようで、タクシー代もかさみそうだ。

しかし、そこでめげていては途中下車派ではない。「山梨市・バス」といったワードで検索してみると、山梨市民バス山梨循環線というページに行き当たる。いわゆるコミュニティバスだ。ＪＲ山梨市駅〜フルーツ公園〜フルーツセンターにも、1日3往復の便が毎日走っていることがわかった。「3往復か」と愕然としているうちはまだまだ。何回も乗るわけではないし、発車時刻がわかれば、それにスケジュールを合わせればいい。「会合の予定を組む時は、いちばん忙しい人の都合に合わせろ」と著書で述べたのは、鉄道紀行作家の宮脇俊三。旅では運転本数が少ない区間に合わせて、前後の予定を決めるのが鉄則である。

朝のフルーツ公園行きは10時30分に山梨市駅前を出る。フルーツ公園まで10分もかからない。「ホリデー快速ビューやまなし」では間に合わないが、渋谷7時30分発の山手線から、新宿7時41分発の中央線快速に乗り継げば、高尾8時46分発の小淵沢行きに接続。山梨市着は9時56分だ。中央本線の普通列車の混雑を避けるため、早めに高尾に着いて席を確保するのもいい。駅前の観光案内所は9時から開いているから、パンフレットやバスの時刻表などを仕入れ、バス停の位置も確認できる。バスの運賃は1回２００円と安い。

帰りはフルーツセンター13時50分、フルーツ公園13時53分発で戻れば、14時にはＪＲ山梨市駅へ着ける。そこから改めて勝沼ぶどう郷へ行くもよし。石和温泉へも普通列車で10分とかからないから、温泉のはしごもよかろう。

甲府から渋谷までの最終接続は、甲府発22時07分の高尾行き。夕食を食べてからでも普通で帰れる。

JR伊東線の終点、伊東駅

## ■東海道本線～思い立って行ける伊東

ここまで、丸１日使っての各方面への日帰り旅を考えてきたが、東海道本線方面は、ちょっと傾向を変えてみる。青春18きっぷの１日分は２４１０円、片道１２１０円以上の距離を往復すれば元が取れる。本州のＪＲ３社（東日本、東海、西日本）の幹線の運賃だと71～80㎞が１３４０円。東京～小田原間（83・９㎞）、大阪～姫路間（87・９㎞）往復で十分。気軽に使えばいい。

これだけは私が実践した旅なので、武蔵溝ノ口が起点だが、仕事に疲れた夕方、青春18きっぷが１日分余っていたので、突発的に思いついて伊東まで行ったことがある。伊東の温泉街は駅から少し離れているが、ＪＲ伊東駅から歩いて10分もかからないところに共同浴場「松原温泉会館」があり、当然だが天然温泉。銭湯料金で入ることができる。

当時の自分のブログを参照してみると、16時31分発の南武線川崎行きに乗ったようだ。川崎で熱海行きに乗り継ぎ、熱海では少々、乗り継ぎ時間があったので、残っていた「デラックスこゆるぎ弁当」を買って、伊東線内で夕食。伊東には19時21分に着いている。現在のダイヤだと、武蔵溝ノ口16時32分発に乗れば、最速で18時55分に伊東着だ。

1時間ほど温泉を堪能し、駅弁も食べられたので、湯上がりに秋祭りの夜店を冷やかして、伊東20時34分発に間に合わせ、武蔵溝ノ口には22時52分に帰り着いている。現在のダイヤでは、伊東20時36分発で武蔵溝ノ口23時11分着。仕事山積の机の前から逃げ出し、トータル7時間にも満たない旅をしたわけだが、今も思い出に残る。首都圏などの大都市圏では、普通列車の運転本数は多く、終電も遅い。思い立ってから出かけても、十分にいい旅ができる例として、最後に挙げてみた。

## コラム　私の途中下車体験・山形の県境駅（3）

鼠ヶ関にある、山形・新潟県境の石碑

### 車のナンバーが一斉に変わる・鼠ヶ関

取材前、いちばん興味を引かれていたのが、鼠ヶ関だった。古くは勿来、白河とともに、現在の東北への玄関口として「念珠ヶ関」が置かれたところ。いちばん境界の雰囲気が強いのではないかと期待していたのだ。

現実の鼠ヶ関は、この時の取材で訪れた町ではいちばん賑やかと思われる町（現在は鶴岡市、元は温海町の大字鼠ヶ関）であったが、駅自体に人影がなかった点に関しては、他の県境駅と同じ。元より無人駅だ。それどころか私の訪問日限りで待合室の自動券売機を撤去する旨の掲示があって、びっくりした。それだけ利用客が減っているのであった。

観光案内などに山形・新潟県境の石碑が建っているとあったので、もちろん行ってみる。駅から歩いて5分ほどだ。長いホームの外れが、すぐそこに見える。この石碑は1958年と、比較的新しい時期に新潟県が建てたもの。元の町は関所の史跡がある山形県側だけだったのだが、新潟県側にまで拡大してしまったのか。それゆえ「ここから先は新潟県だ！」と強調したかったのかもしれない。

そして、これも途中下車して町を見る面白さ。石碑を境に玄関先に置いてある自家用車のナンバーが、一斉に山形から新潟に変わったのだ。当たり前だが、そこまで厳密にしなくてもと思ったのも事実。新潟県側から伸びるバス路線は県境手前のバス停が終点で、町の中心までは入らない。反対に山形県側からの路線バスは、一部で県境を越えて走るが新潟県内にバス停がない。新潟県側に住む人は日常的に山形県内へ買い物などに行っているはずなのに、縦割りとはこういうものかと、体感したのであった。

## 最大の難関・女鹿

面白山高原以上に、この旅でいちばんの難関かつスケジュールの鍵を握っていたのが女鹿だった。なにせ停車する列車が下り秋田方面行きがお昼下がりの1本と夕方の3本、上り酒田方面行きは朝の2本だけ。完全に通学向けのダイヤだった。普通列車自体はもう少し多く走っているが、その大半は女鹿を通過してしまう。元は信号場で便宜的に乗降を扱っていた名残だ。女鹿を名乗る集落とは、歩いて10分ほど離れている。

結局、鼠ケ関からまっすぐ北上して、女鹿12時53分着の下りで降り立ち、もう酒田方面へは列車で戻れ

## 私の途中下車体験・山形の県境駅（3）

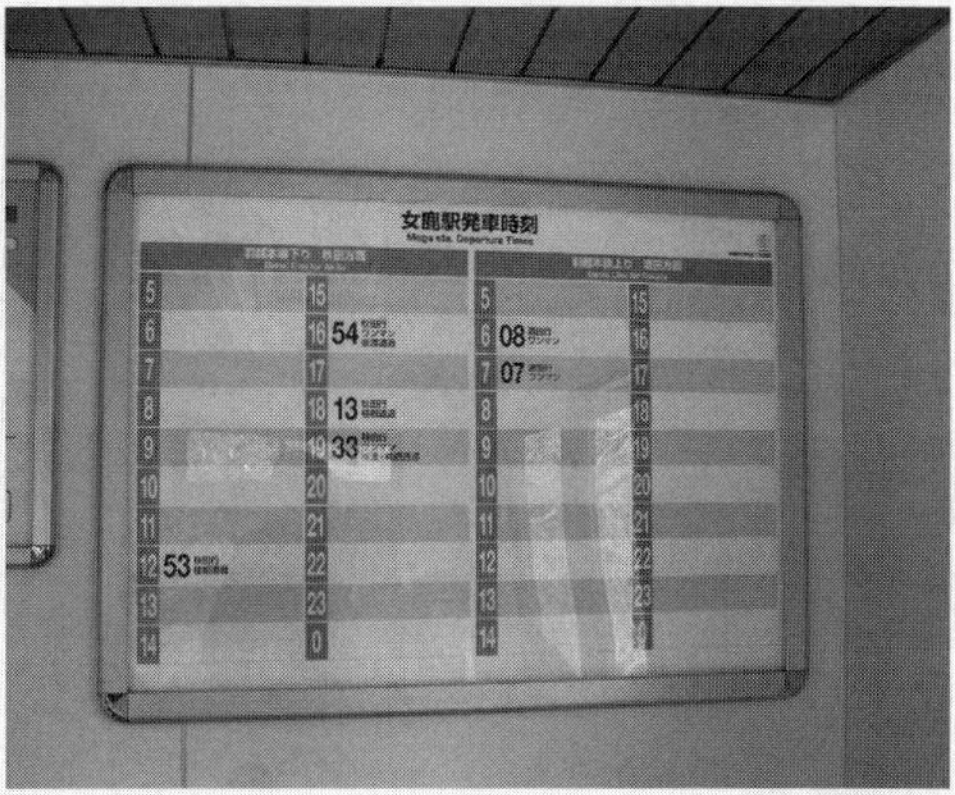


女鹿駅の時刻表（2018年撮影）。停車する本数の少なさに驚く

ないので、隣の小砂川まで5・1キロ歩いた。近道をしたらハイキングコースになりそうな山道で、ネットの地図を鵜呑みにした罰？　だった。

### 奇妙な分水界・堺田

2日目は新庄で一泊。友人の実家というつながりで、駅から5分ほどの「食彩の宿　おくやま」に初めて泊まり、お母様から歓待を受ける。食事がたいへん美味しい宿で、以来、山形県方面へ行く機会があれば、必ずここで旅装を解いている。旅先でのこういう出会いは「一生もの」だと思う。

翌朝は10時前までのんびりさせてもらい、陸羽東線の普通で堺田へ。いかにも県境を思わせる駅名だが。ここでは駅前にある、小公園風にしつらえられた分水界が面白かった。なんの変哲もない水路が、2つに分かれているだけなのだが、片方が最上川へ注いで水は日本海へ向かい、もう片方は水が旧北上川から太平洋へと向かう、目の前で実際に見られる分水界なのであった。まさに、地形の妙。兵庫県のＪＲ福知山線石《いそ》

堺田駅前の分水嶺の石碑

生《う》駅近くにある、日本一低い分水界を以前に見たが、ここほどはっきりとはわからない。落ち葉を拾っては水路に落とし、日本海、太平洋、どちらへ流れるか遊んでしまった。

堺田駅の近くには、松尾芭蕉が「奥の細道」の旅で泊まった「封人の家」も現存している。ちょっとした観光地で自家用車もそれなりに集まっていたが、やはり列車で峠道を登る様子を楽しみ、途中下車してこその名所だとも思った。

## 難読駅名の代表・及位

最後は、難読駅名の代表格のように言われる、及位を訪れた。

「のぞき」と呼ばれる地名は、修験道に由来する。断崖絶壁から下を「のぞき」込み、恐怖と戦いながら罪を懺悔して精神を鍛える修行があるそうで、も

## コラム　私の途中下車体験・山形の県境駅（3）

及位駅には駅名の由来を紹介するプレートが見られた

しこれに耐えると高い「位に及ぶ」から、及位と書いてのぞきと呼ぶようになったと言う。高所恐怖症で罪深い私なぞには絶対できないが、なぜ知ったのかと言えば、駅舎の壁に掲げられていた駅名の由来を読んだからである。これも、降りてみないとわからない。

及位駅の外れからは、秋田県との県境に横たわる雄勝峠へと向かう線路が、急勾配を登ってゆく様子がよくわかる。蒸気機関車時代は、給水をするため、この駅で一息ついていたそうだ。

ここも停車する列車は少なく、15時48分に着いたのに、17時50分発の新庄行きまで待たねばならないところだった。しかし、仕事仲間のY鉄道カメラマンにばったり会い、新庄まで車に乗せてもらった。途中下車の旅には、少々ふさわしくなかったかもしれない。

## 付録① 日本の「～温泉」駅一覧

※2020年9月現在

・時刻表から駅名に「温泉」が入る現役の駅、およびそれに準ずる、温泉にゆかりが深い駅名をピックアップしてみた。開業時から温泉を冠していた駅は少なく、1980～90年代に一種の温泉駅への改称ブームがあったことがわかる。温泉の源泉の数では日本一の大分県には一つもないなど、分布には偏りがある。

・なお、そのものずばりの「温泉駅」は、中華人民共和国の雲南省に存在するとのこと。どのようなところか、果たして駅前に温泉があるのだろうか。

---

♨ **天塩川温泉駅（北海道・JR宗谷本線）**
1981年に、南咲来仮乗降場から改称。1987年、駅に昇格。

♨ **川湯温泉駅（北海道・JR釧網本線）**
1988年に、川湯駅から改称。

♨ **流山温泉駅（北海道・JR函館本線）**
2002年開業。温泉施設は閉館。

♨ **湯の川温泉駅（北海道・函館市電）**
湯川から改称も、改称時期不明。

♨ **浅虫温泉駅（青森県・青い森鉄道）**
1986年に、浅虫駅から改称。

♨ **大鰐温泉駅（青森県・JR奥羽本線）**
1991年に、大鰐駅から改称。隣接する弘南鉄道の駅は大鰐のまま。

♨ **金田一温泉駅（岩手県・IGRいわて銀河鉄道）**
1987年に、金田一駅から改称。

♨ **ほっとゆだ駅（岩手県・JR北上線）**
※p60参照

♨ **大滝温泉駅（秋田県・JR花輪線）**
1915年開業。

♨ **湯瀬温泉駅（秋田県・JR花輪線）**
1995年に、湯瀬駅から改称。

♨ **中山平温泉駅（宮城県・JR陸羽東線）**
1997年に、中山平駅から改称。同時に陸羽東線の温泉最寄りの4駅を改称。

♨ **鳴子温泉駅（宮城県・JR陸羽東線）**
1997年に、鳴子駅から改称。

♨ **鳴子御殿湯駅（宮城県・JR陸羽東線）**
1997年に、東鳴子駅から改称。

♨ **川渡温泉駅（宮城県・JR陸羽東線）**
1997年に、川渡駅から改称。

♨ **瀬見温泉駅（山形県・JR陸羽東線）**
1999年に、瀬見駅から改称。

♨ **赤倉温泉駅（山形県・JR陸羽東線）**
1999年に、羽前赤倉駅から改称。

♨ **あつみ温泉駅（山形県・JR羽越本線）**
1977年に、温海駅から改称。

♨ **かみのやま温泉駅（山形県・JR山形新幹線、奥羽本線）**
1992年に、上ノ山駅から改称。

♨ **飯坂温泉駅（福島県・福島交通）**
1927年開業。

♨ **芦ノ牧温泉駅（福島県・会津鉄道）**
1987年の国鉄から会津鉄道への転換時に、上三寄駅から改称。ただし芦ノ牧温泉へは、バスかタクシーで向かう必要がある。

♨ **芦ノ牧温泉南駅（福島県・会津鉄道）**
1987年の国鉄から会津鉄道への転換時に、桑原駅から改称。ただし、芦ノ牧温泉へのアクセス手段はなく、単に芦ノ牧温泉の南に位置するというだけの駅。

♨ **湯野上温泉駅（福島県・会津鉄道）**
1987年の国鉄から会津鉄道への転換時に、湯野上駅から改称。

湯野上温泉駅

♨ **上三依塩原温泉口駅（栃木県・野岩鉄道）**
2006年に、上三依塩原駅から改称。塩原温泉へはバスで向かう。

♨ **中三依温泉駅（栃木県・野岩鉄道）**
2006年に、中三依駅から改称。

♨ **湯西川温泉駅（栃木県・野岩鉄道）**
1986年開業。３駅連続で〜温泉駅が続く。

♨ **川治温泉駅（栃木県・野岩鉄道）**
1986年開業。ただし川治温泉へは、隣の川治湯元駅の方がずっと近い。

♨ **鬼怒川温泉駅（栃木県・東武鉄道）**
1927年に、大滝駅から改称。

♨ **小野上温泉駅（群馬県・JR吾妻線）**
1992年に開業。

♨ **川原湯温泉駅（群馬県・JR吾妻線）**
1991年に、川原湯駅から改称。ダム建設に伴い2014年に移転。

♨ **鶴巻温泉駅（神奈川県・小田急電鉄）**
1958年に、鶴巻駅から改称。1930〜44年にも鶴巻温泉駅を名乗っていた。

♨ **葭池温泉前駅（山梨県・富士急行）**
尾垂鉱泉前から改称も、改称年不明。駅近くの温泉の名前は「葭之池温泉」。

♨ **石和温泉駅（山梨県・JR中央本線）**
1993年に、石和駅から改称。

♨ **下部温泉駅（山梨県・JR身延線）**
1991年に、下部駅から改称。

♨ **別所温泉駅（長野県・上田電鉄）**
1930年に信濃別所駅から改称されたという、改称組の老舗。

♨ **戸狩野沢温泉駅（長野県・JR飯山線）**
1987年に、戸狩駅から改称。

♨ **川根温泉笹間渡駅（静岡県・大井川鐵道）**
2003年に、笹間渡駅から改称。

♨ **接岨峡温泉駅（静岡県・大井川鐵道）**
1990年に、川根長島駅から改称。

♨ **湯谷温泉駅（愛知県・JR飯田線）**
1991年に、湯谷駅から改称。

♨ **花白温泉駅（岐阜県・明知鉄道）**
2011年に、花白駅から改称。

♨ **湯の洞温泉口駅（岐阜県・長良川鉄道）**
1986年の国鉄から長良川鉄道への転換時に、美濃立花駅から改称。温泉は長良川の対岸。

♨ **みなみ子宝温泉駅（岐阜県・長良川鉄道）**
※p73参照

♨ **湯の山温泉駅（三重県・近畿日本鉄道）**
1970年に、湯ノ山駅から改称。

♨ **榊原温泉口駅（三重県・近畿日本鉄道）**
1965年に、佐田駅から改称。榊原温泉自体は、駅からバスで15分と離れている。

♨ **黒部宇奈月温泉駅（富山県・JR北陸新幹線）**
2015年開業。新幹線の新設駅では初、かつ最新の～温泉駅。

♨ **宇奈月温泉駅（富山県・富山地方鉄道）**
1971年に、宇奈月駅から改称。

♨ **和倉温泉駅（石川県・JR七尾線、のと鉄道）**
1980年に、和倉駅から改称。

♨ **加賀温泉駅（石川県・JR北陸本線）**
1970年に、作見駅から改称。大聖寺と動橋に分かれていた特急停車駅を、この駅に統合した。

♨ **芦原温泉駅（福井県・JR北陸本線）**
1972年に、金津駅から改称。

♨ **あわら湯のまち駅（福井県・えちぜん鉄道）**
1972年に、芦原駅から芦原湯町に改称。2003年に現駅名へ再改称。

♨ **おごと温泉駅（滋賀県・JR湖西線）**
2008年に、雄琴駅から改称。

♨ **夕日ヶ浦木津温泉駅（京都府・京都丹後鉄道）**
1990年のJR西日本から北近畿タンゴ鉄道への移管時に、丹後木津駅から木津温泉駅へ改称。さらに2015年の京都丹後鉄道への移管時に、現駅名へ再改称。

♨ **有馬温泉駅（兵庫県・神戸電鉄）**
1929年に、電鉄有馬駅から改称。ただし、電鉄有馬を名乗っていたのは開業から1年未満である。

♨ **城崎温泉駅（兵庫県・JR山陰本線）**
2005年に、城崎駅から改称。

♨ **あわくら温泉駅（岡山県・智頭急行）**
1994年開業。

♨ **松江しんじ湖温泉駅（島根県・一畑電車）**
2002年に、松江温泉駅から改称。
北松江から松江温泉への改称は1970年。

松江しんじ湖温泉駅

♨ **玉造温泉駅（島根県・JR山陰本線）**
1949年に、湯町駅から改称。

♨ **温泉津駅（島根県・JR山陰本線）**
1918年開業。

♨ **湯田温泉駅（山口県・JR山口線）**
1961年に、湯田駅から改称。

♨ **川棚温泉駅（山口県・JR山陰本線）**
1914年開業。現存最古の〜温泉駅。

♨ **道後温泉駅（愛媛県・伊予鉄道）**
1961年に、道後駅から改称。

♨ **柿下温泉口駅（福岡県・平成筑豊鉄道）**
1993年開業。柿下温泉自体は駅から徒歩10分だが、2020年現在休業中。

♨ **武雄温泉駅（佐賀県・JR佐世保線）**
1975年に、武雄駅から改称。

♨ **阿蘇下田城ふれあい温泉駅（熊本県・南阿蘇鉄道）**
※p76参照

♨ **日奈久温泉駅（熊本県・肥薩おれんじ鉄道）**
2004年のJR九州から肥薩おれんじ鉄道への転換時に、日奈久駅から改称。

♨ **人吉温泉駅（熊本県・くま川鉄道）**
隣のJR肥薩線の駅名は開業以来の人吉。くま川鉄道の駅だけ2009年に改称した。

♨ **京町温泉駅（宮崎県・JR吉都線）**
1990年に、京町駅から改称。

♨ **霧島温泉駅（鹿児島県・JR肥薩線）**
2003年に、霧島西口駅から改称。

## 付録② 「駅内郵便局」一覧

※2020年9月現在

・鉄道の現役駅舎内で営業している郵便局を、把握している限り集めた。郵便貯金を窓口で扱っているところに限っている。
・おおむね、駅舎内＝駅の施設と郵便局の施設がはっきり分かれていない、一体化＝駅の施設と郵便局の施設は別々に分かれているが、同じ建物内にある、という意味で説明している。
・駅併設の駅ビル内などにある郵便局も「準駅内郵便局（☆）」として列挙している。ただし、準駅内であるかどうかは、筆者の主観によるので了承されたい。

日高幌別駅と西幌別簡易局

豊岡敷地簡易郵便局

**〒 旭川駅内郵便局（北海道旭川市）**
JR旭川駅南口側の1階。高架化前から駅舎内で営業していた。

**〒 札幌駅パセオ郵便局☆（北海道札幌市北区）**
JR札幌駅高架下のショッピングゾーン「paseo　EAST」1階。

**〒 新札幌駅デュオ郵便局☆（北海道札幌市厚別区）**
JR新札幌駅、札幌市営地下鉄新さっぽろ駅直結のショッピングゾーン「デュオ1」地下1階。

**〒 西幌別簡易郵便局（北海道浦河郡浦河町）**
JR日高本線日高幌別駅の駅舎内。ただし日高本線は2015年の台風による被害以来、運休中。

**〒 渡島当別郵便局（北海道北斗市）**
道南いさりび鉄道渡島当別駅と一体化。

**〒 本八戸駅内郵便局（青森県八戸市）**
JR八戸線本八戸駅の高架下、1階。駅設備と隣接。

**〒 秋田駅トピコ郵便局☆（秋田県秋田市）**
JR秋田駅ビル「トピコ」1階。

**〒 玉ノ池簡易郵便局（秋田県由利本荘市）**
由利高原鉄道子吉駅の駅舎内。

**〒 泉中央駅内郵便局☆（宮城県仙台市泉区）**
仙台市営地下鉄泉中央駅ビル「ヒューモススウィング」3階。

**〒 仙台駅内郵便局（宮城県仙台市青葉区）**
JR仙台駅西口側の1階。

**〒 徳沢簡易郵便局（福島県耶麻郡西会津町）**
JR磐越西線徳沢駅の駅舎内。

**〒 川口郵便局（福島県大沼郡金山町）**
JR只見線会津川口駅、JAの支店と一体化した建物。

**〒 取手ボックスヒル内郵便局☆（茨城県取手市）**
JR常磐線取手駅ビル「アトレ取手」1階。

**〒 沢入簡易郵便局（群馬県みどり市）**
わたらせ渓谷鐵道沢入駅の駅舎内。

**〒 江見駅郵便局（千葉県鴨川市）**
JR内房線江見駅の駅舎内。2020年8月31日開業。

**〒 御茶ノ水郵便局☆（東京都文京区）**
東京メトロ丸ノ内線御茶ノ水駅、荻窪方面行き出入口に隣接。

**〒 恵比寿駅ビル内郵便局☆（東京都渋谷区）**
JR恵比寿駅ビル「アトレ恵比寿」6階。

**〒 あざみ野駅内郵便局（神奈川県横浜市青葉区）**
横浜市営地下鉄あざみ野駅。改札口直結の同じフロアにある。

**〒 横浜センター北駅前郵便局☆（神奈川県横浜市都筑区）**
横浜市営地下鉄センター北駅直結のショッピングゾーン「ショッピングタウンあいたい」1階。

**〒 日吉駅内郵便局☆（神奈川県横浜市港北区）**
東急日吉駅ビル「日吉東急avenue」2階。

**〒 大船ルミネウィング内郵便局☆（神奈川県鎌倉市）**
JR大船駅ビル「大船ルミネウィング」1階。

**〒 豊岡敷地簡易郵便局（静岡県磐田市）**
天竜浜名湖鉄道敷地駅と一体化。

**〒 ループ金山郵便局☆（愛知県名古屋市中区）**
金山総合駅の駅ビル「ループ金山」2階。

**〒 名古屋大曽根駅前郵便局☆（愛知県名古屋市東区）**
名鉄瀬戸線大曽根駅南側の高架下に続く商店街の一角。

**〒 津島駅前郵便局☆（愛知県津島市）**
名鉄津島・尾西線津島駅北側の高架下に続く商店街の一角。

**〒 一宮七夕郵便局（愛知県一宮市）**
名鉄一宮駅北側、改札口から通路直結の高架下。局名は一宮市の名物「七夕祭り」にちなむ。

〒 **金沢駅内郵便局☆（石川県金沢市）**
JR金沢駅直結の高架下商店街「JR金沢駅あんと」1階。

〒 **吉富郵便局（京都府南丹市）**
JR山陰本線吉富駅と一体化。

〒 **胡麻郵便局（京都府南丹市）**
JR山陰本線胡麻駅と一体化。

〒 **吹田千里北ビル内郵便局☆（大阪府吹田市）**
阪急千里線北千里駅に隣接する商業施設「dios北千里」1階。

〒 **千里中央駅前郵便局☆（大阪府豊中市）**
北大阪急行千里中央駅が地下にある商業施設「せんちゅうパル」2階。

〒 **豊中寺内郵便局☆（大阪府豊中市）**
北大阪急行緑地公園駅、駅ビル1階。

〒 **此花西九条郵便局☆（大阪府大阪市此花区）**
JR西九条駅北側の高架下に続く商店街の一角。

〒 **大阪OCAT内郵便局☆（大阪府大阪市浪速区）**
大阪シティエアターミナル1階。同じビルの地下1階にJR難波駅がある。

〒 **天王寺MiO郵便局☆（大阪府大阪市天王寺区）**
JR天王寺駅ビル「天王寺ミオ」本館3階。

〒 **南海堺駅内郵便局☆（大阪府堺市堺区）**
南海本線堺駅東口側の高架下1階。

〒 **宝塚駅前郵便局☆（兵庫県宝塚市）**
阪急電鉄宝塚駅の高架下、1階。阪急バス乗り場に面したところ。

〒 **福山駅ローズ郵便局☆（広島県福山市）**
JR福山駅高架下のショッピングゾーン「さんすて福山」1階。

〒 **大東駅前簡易郵便局（島根県雲南市）**
JR木次線出雲大東駅と一体化。

〒 **プラサ枕瀬簡易郵便局（島根県鹿足郡津和野町）**
JR山口線日原駅と一体化。

〒 **大分駅内郵便局（大分県大分市）**
JR大分駅の高架下、1階。駅施設と隣接。

〒 **豊後清川簡易郵便局（大分県豊後大野市）**
JR豊肥本線豊後清川駅舎内。物産館も一体化。

この他、銀河線本別駅内簡易郵便局（北海道中川郡本別町）が、元北海道ちほく高原鉄道廃止後も、局名もそのままに引き続き旧本別駅内で営業している。また、万字仲町簡易郵便局（北海道岩見沢市）は、国鉄万字線万字駅の廃止後の駅舎を再利用している。

# おわりに

「途中下車」というテーマが決まった時、正直、「困ったな…」と思いました。高度な情報を解説するのでもなければ、情緒的に旅を紹介するのでもない。途中下車ができるＪＲの乗車券を持って、改札口からふらりと出ることは、誰もがさほど難しく思わずにやっている。自動改札機を通っての途中下車もＯＫだ。ＳｕｉｃａなどのＩＣカードが普及するにつれて、途中下車制限が強まり、不満に思う向きが増えていることも耳にしている。それだけ関心が深いテーマなのだろうけど、じゃあ途中下車してどこが面白いのだと言われると、「自分自身はどうなのだろう…」と、まず自分の心理から分析しなければなりませんでした。

楽しいから楽しいのだと開き直ったところで、本は書けません。

そこで、「発見」を柱に置くことにしました。途中下車の楽しみを説くために、さまざまな面白いスポットの情報を並べた、本書の内容とは矛盾するようですが、やはり、目新しい経験や知識を得ることこそ、旅の楽しみなのではないかと思い、読者の皆さんの旅心を刺激してみました。

途中下車を考えることは、旅する心の根本を問うことでもありました。

旅の達人たちは、途中下車の面白さを知っています。私がわざわざ説くまでもないでしょう。そこで、鉄道に乗るにしても出張や通勤が主で、あまり途中下車になじみがない層を念頭に置いて執筆することにしました。ベテランには物足らないかもしれませんが、途中下車初心者が本書を手に取り、目を輝かせていただければ幸いです。

そして、私自身の趣味を前面に出すことにしました。特撮を扱った、小田急の定期券を使っての途中下車など、まさにそれ。読者の皆さんの何割かは、関心を持ってくださると思ったからです。旅行貯金や温泉と変わるところはないでしょう。それもまた趣味なのですから。

これも正直なところ、途中下車は「降りてみなければ、わからない」もの。大発見よりも、むしろ空振りの方が多いことは、私の経験からも確かです。しかし、それでめげていては、旅の楽しみは得られないでしょう。月や火星じゃあるまいし、「何もないところはない」と信じてもらえることを期待しています。

土屋武之

**土屋武之**（つちや たけゆき）
1965年大阪府生まれ。大阪大学文学部卒。『ぴあ』編集部などを経て、1997年よりフリーのライター。著書に、『ツウになる！鉄道の教本』（秀和システム）、『JR私鉄全線 地図でよくわかる 鉄道大百科』（共著・JTBパブリッシング）、『まるまる大阪環状線めぐり』（共著・交通新聞社）、『きっぷのルール ハンドブック 増補改訂版』（実業之日本社）など。

交通新聞社新書146
**旅は途中下車から**
**降りる駅は今日決まる、今変える**
（定価はカバーに表示してあります）

2020年10月15日　第1刷発行

著　者——土屋武之
発行人——横山裕司
発行所——株式会社　交通新聞社
https://www.kotsu.co.jp/
〒101-0062　東京都千代田区神田駿河台2-3-11
NBF御茶ノ水ビル
電話　東京（03）6831-6550（編集部）
東京（03）6831-6622（販売部）

印刷・製本—大日本印刷株式会社


ISBN978-4-330-07920-2